稲葉振一郎

社会学入門・中級編

有斐閣

目　次

はじめに

本書は『社会学入門・中級編』という微妙なタイトルをつけておりますが、これには理由があります。

私は十年ほど前に『社会学入門』（ＮＨＫ出版）という本を出しました（稲葉［二〇〇九］）。これは基本的には理論に焦点を当てた本ですが、その冒頭に「そもそもなぜ理論が必要か」を説明する章を置きました。その趣旨は簡単に言えば「社会学の実証研究の目標は、社会現象の中の因果関係の分析であるが、因果関係それ自体は直接観察できるものではなく、あくまでも研究者が理論的作業によって『仮説』として想定するしかない。そうした理論的仮説は複数立てることが可能で、観察された現実（社会現象の中に発見される相関関係など）をどの程度うまく説明できるかで、それらの間の優劣が決まってくる」というものでした。つまり、因果推論に焦点を当てつつ、理論というよりも、理論と実証を包括したリサーチ・ストラテジー全体について簡単に説明しようとするものでした。それは私の勤務先の社会学科におけるカリキュラム改革の動向とも呼応するものでしたし、私個人の、ことに大学院での導入教育の主題でもありました。社会学という学問への導入教育の焦点は、理論・学説の紹介から、リサーチ・ストラテジーへと移行しつつあったのです。これはもちろん今般の日本の大学教育における「アクティブ・ラーニング」の奨励と無関係ではありません。しかしながら長い目で見れば、それに先立ち二一世紀初頭からすでにこのトレンドは日本の社会学教育の中に確実に存在していたと思われます。

稲葉［二〇〇九］自体はリサーチ・ストラテジーの著作とはとうてい言えず、理論・学説史に焦点を当てたものでしたが、その結論は逆説的にも「社会学における一般理論の不可能性」でした。にもかかわらず社会学が学問としてのアイデンティティを保ちうるとしたら、理論それ自体よりも、理論と実証を包括するリサーチ・ストラテジーに求めるしかない、という主張をそこに読み取ることは、必ずしも不可能ではないでしょう。しかしながら稲葉［二〇〇九］ではまだそれを積極的に主張するところまでは行っていません。行きがかりで社会学科の禄を食み、社会学の導入教育にも従事していたとはいえ、社会学者ではない、とりわけ実証研究に従事していない身としては、そこまで言い切る勇気もなかった、からでもあります。

しかしながら、そろそろそうも言っておれなくなりました。というのももう一冊の

『社会学入門』（有斐閣）が、筒井淳也・前田泰樹の共著で、まさにこのリサーチ・ストラテジーに焦点を当てたかたちで上梓されたからです（筒井・前田［二〇一七］）。

私がいま書いている本書は、稲葉［二〇〇九］と、筒井・前田［二〇一七］と双方の続編として位置づけられています。私の『入門』で残された宿題を片づけたうえで、筒井・前田の『入門』の主題を私なりに消化して敷衍すること。それが本書の主題です。基本的な問題意識は以下でも簡単に説明しますが、岸政彦・北田暁大・筒井淳也・稲葉振一郎『社会学はどこから来てどこへ行くのか』（有斐閣）でも提示しておきました（岸・北田・筒井・稲葉［二〇一八］）。

本書が想定する読者層、ならびに読み方について

前著である稲葉［二〇〇九］や筒井・前田［二〇一七］はともに大学の学部生を想定した入門書ですが、稲葉［二〇〇九］がどちらかというと読み物としての自己完結性を狙っていたのに対して、筒井・前田［二〇一七］は実際の授業で使う副読本としての性格が強かったかと思います。これはどちらの方がよいとか正しいとかいう問題ではなく、目標の違いです。

本来ある学問の教育——教科書を読ませることを含めて——の目標は、ただたんに知識を詰め込むことではなく、それを実地に使えるようにすることです。「知識」という言葉の使い方にあいまいさがありますのでもう少し正確に言いなおすと、文章で表現できる「命題知」などの know-what ではなく、具体的な体の動かし方、仕事の仕方といった know-how の方が主眼だといってよいでしょう。言葉やマニュアルによって know-how を伝えられても、それを動作、行動として実現できなければ意味がありません（know-what と know-how についてはたとえば戸田山［二〇〇二］）。ですから数学でも物理学でも経済学でも法律学でも、教科書を読ませ、講義を聞かせるだけではなく、問題演習をさせます。社会学の場合も、理論の場合はただ本を読ませ、講義を聞かせるだけで終わりがちですが、調査教育においては、しっかりと実習をさせます。筒井・前田［二〇一七］はそうした教育全体を強く意識した構成となっています。

本書は相変わらずある程度自己完結した読み物であることを志向していますが、究極的な目標は know-how の教育にあります。とはいえ実際には「いま、社会学を学ぶにあたっては、どのような know-how が大切か、それはなぜか」という know-what に照準を合わせたものになってしまってはいますが。そのうえで、本書を読み終えたあとの課題や、逆に本書を読み進めるために、もし欠けていたならば途中で補うべき知識を意図的に示唆する（が丸ごとは提示しない）ことを心がけています。

そのうえで想定する読者対象を言いますと、少なくとも自分で問題意識をもって卒論を書こうと思っている大学学部上級生、より重点的には大学院初級——修士くらいのレベルの人を念頭に置いています。つまり、知識——命題知を詰め込むだけでは満足できず、自分なりの研究による知識生産をしたい人、しなければならない人を主たる読者として考えています。そして実際、本書の土台には、私自身の勤務先での大学院修士一年生に対する「基礎演習」の経験があります。

前著である稲葉［二〇〇九］は、学部初級の学生相手の入門講義をもとにできあがったものですが、公刊後はあちこちから「入門じゃない」「大学院生向け入門だろ」「再入門だ」といったお叱りを受けました。実際問題として、狭い意味での社会学の話を意図的に半分しかしなかったあの本は、学部生向きというより、そこそこ教養と意欲のある一般読書人向きの本になってしまっていたかもしれません。個人的に非常に面白かったのは、とある名門進学校から有名国立大学に進んだ青年から「高校生のときに稲葉［二〇〇九］を読んで社会学専攻を断念し、経済学部に進学することにしました」と言われたことです。ある意味非常に「正しい」読まれ方をしたと言えましょう。その一方でたとえば社会学史研究者の三谷武司は、後戻りがきかない立場から「なんかよくわかんないまま電車に乗っちゃった人が、行く先に不安を覚え、本書を読んでそれが杞憂でないことを知って腹をくくる、という感じか。学部生には酷な気がするけど、学部ごと社会学だったりすると、早いうちに性根据える必要があるのかも。」(http://d.hatena.ne.jp/takemita/20090726/p4) という、これもまた大変興味深いコメントをしています。

今回の本もまた「社会学の話は半分しかしない」ようにして、学問共同体の中での社会学の位置づけに腐心しましたが、前著においてはそれをどちらかというと学問の鑑賞者のために行った一方で、本書ではそれを、もはや後戻りのきかない学問の実践者のためにやろうと思っています。そこで本書は『中級編』を名乗ることになりました。なぜ「上級編」ではないかというと、本書に続いて、特定の方法論的立場を踏まえて、より積極的なリサーチ・ストラテジーを提示した北田暁大の『実況中継・社会学』(北田［二〇一九］)が出るはずだからです。

それでは、本題に入ります。

1

なぜ
因果推論
なのか？

人文（科）学対（自然）科学
意味理解か、因果理解か

因果推論――社会学の中心目標？

本書のキーコンセプトのひとつは「因果推論」です。そこでまずは「なぜ因果推論なのか？」という問題から入っていきたいと思います。

「因果関係の解明が社会学の中心的な目標である」と言われたとき、みなさんはどのような感想を抱かれるでしょうか？　そもそも因果関係の解明とは、あらゆる実証科学における中心的な目標なのではないか？　なにも社会学に限った話などではないのではないか？　そんなふうに疑問に思われる方もおられるでしょう。それは科学一般、つまり自然科学においても基本的な目標なのであり、社会学（を含む社会科学）の特徴は、むしろそれ以外（それプラスアルファ）のところにあるのではないか？　そのような反問が来ることは容易に予想がつきます。

とりわけ教育談議においては「いい加減古臭くて有害無益だから廃すべき」とされて久しい「文系・理系」の区別、その基盤にある学問の中での人文科学と自然科学、もしくは人文学（humanities）と科学（sciences）の区別の中では、社会科学はその両者の間で引き裂かれた両義的な存在とされ、その中でも社会学はとりわけこの両義性、両面性が強い分野として位置づけられてきました（歴史の中での「文系・理系」の区別の生成については隠岐［二〇一八］）。このことはたとえば日本の大学において、伝統的に社会学の教室は文学部の中に配置されることが多かったという事実にも反映されています。

人文（科）学対（自然）科学——論争の構図

そして人文（科）学と（自然）科学は、その対象——前者は人間とその社会を、後者はそれ以外の自然、あるいは人間や社会の中にも貫通している、人間の力では動かせない自然法則を主たる対象とする——において異なるだけではなく、その方法、先の言い方を援用すればリサーチ・ストラテジーにおいても異なる、とされてきました。その違いはいろいろな言い方で表現されてきました。

たとえば人文（科）学では意味の理解、つまりは心あるものの振る舞いの解釈が、それに対して（自然）科学では、心がない、あるいは心によって左右されない自然のメカニズムの解明が、基本的な方法である、とかいった説明がありました。この場合人文（科）学の典型は文学研究、文芸作品の解釈学ということになるでしょう。

ただこの対比に対しては、（自然）科学の徒の側から「意味理解・解釈とは何か？

それが人間を典型とする心あるものによってのみなされる営為であり、自然のメカニズムの理解とは別個のものだ、と人文学の徒は主張するが、そもそも人をはじめとした心あるものも自然界の一部であり、その振る舞いも究極的には自然のメカニズムの所産である以上、自然科学が発達し、自然のメカニズムへの理解が十分に深まれば、意味理解・解釈も究極的にはきわめて特異ではあるが自然のメカニズムの一環の理解に包摂・還元できるのではないか?」という反問があがるわけです。もちろん多くの人文(科)学の徒はこの反問に対して反駁しようとしましたが、この論争は大体において平行線をたどって互いに互いの言うことを聞かずに推移しています。

この論争の構図は乱暴に言うとだいたいこんな感じです。自然科学——突き詰めれば物理学——還元主義者とも言うべき人たちがいて、この論争におけるオフェンス側を占め、自然科学的な方法の万能性を主張して、それでもって人文学の領域を侵そうとする。それに対して人文学の側はディフェンス側として、自分たちの陣営たる人間とその社会の領域の理解には、自然科学のそれとは別個の方法が必要である、と抵抗する。つまり、だいたいの場合には人文学側は、自分たちの方法の万能性を主張したりはせず、人文学の方法としての意味理解・解釈を自然界の理解にまで延長しようとはしないわけです(この流れからの逸脱としていわゆる「ポストモダニズム」を位置づけることもできなくはないですが、話はかなり複雑となりますので、ここでは措いておきます)。つまり論争の勝ち負けははっきりしないままではありますが、どちらが攻めでどちらが守りかは非常にはっきりしており、それゆえに論争自体のリーダーシップは、たとえ勝利が望めないとしても、攻撃側たる自然科学側の方にとられがちです。

人文（科）学対（自然）科学　個別的因果か、普遍的法則か

「個性の理解」対「法則性の理解」

これに対して、近年では別の考え方からする人文（科）学と（自然）科学の区別、対比も浮上してきました。すなわち、人文（科）学の場合には唯一無二のものごとについてのその個性の理解が中心的な課題であるのに対して、（自然）科学の場合には、さまざまな個別のものごとを支配する普遍的、一般的な法則性の理解が眼目である、という対比もまた思い浮かびます。この場合には文学研究もさることながら、歴史学が人文（科）学の典型だということになります。

この場合には伝統的な意味での人文（科）学の領域、人間とその社会をめぐるものごとの解明に対しても、（自然）科学的なアプローチがなされて当たり前であると同時に、伝統的な意味での自然科学の領域、人間とは無関係の自然界の解明にさいしても、

人文（学）的なアプローチがなされても当たり前であることになります。かつて「博物学」と日本語訳されたNatural Historyなる学問は、無機的な自然とは区別される生命・生物というカテゴリーの確立、独立の分野としての生物学の確立以降には過去のものとなった感が一時期はありましたが、ダーウィンの進化論の確立以降、普遍的な法則性だけでは十分に理解できない、複雑で繰り返しのきかない一回性の出来事の連鎖として生命現象が理解されるようになってから、生物学の少なくとも一部はNatural History、つまり唯一無二の出来事の連鎖としての歴史であって、法則理解よりも個性理解が課題となることもありうることがわかってきました。

また同様のことは生命なき自然界の歴史においてもある程度言えるのではないか、という発想は、地球科学や天文学においてもなじみ深いものです。天文学的現象の理解にはもちろん物理学的なアプローチが必須ですが、そこでは「多種多様な天体現象が同じひとつの物理法則に従っている」という側面からの理解と、「同じひとつの物理法則から、多種多様な天体現象が生み出される」という側面からの理解の双方が必要です。地球を含めたすべての天体現象は、同じ物理法則によって形成されてきたものであると同時に、それぞれが固有の来歴を持つ個性的な存在でもあります。

分子や原子、素粒子一個一個の「個性」は問題となりません。しかし惑星や恒星、銀河の「個性」は普通に問題になります。生命現象においても、「個性」が問題とはならない水準もあれば、そうではない水準もあります。非常に大雑把に言えば、普遍的な自然法則が決定論的にはたらかない場合、たとえば確率論的にはたらく場合には、固有の来歴、歴史が意味を持つでしょう。つまり自然法則によって現在の状態が未来の状態をひととおりに決定してしまうのではなく、その決定に幅がある場合を考えましょう。つまり、現在の状態がかくかくしかじかであることによって、未来の状態はここからここまでの状態になりえて、それ以外の状態にはならない、というふうに自然法則によって決まるとする。ただし可能な範囲の中でどこに落ち着くかは決まらないとする。自然法則が少なくともある領域においてこのようにはたらく場合には、世界の中の具体的な出来事のありようは、普遍的な自然法則だけによっては決まらず、偶然に左右され、その出来事を結果として生み出すにいたるさまざまな出来事の連鎖、つまりは固有の来歴、歴史によって決まってきます。生物進化のプロセスにおける遺伝子の突然変異は、そのような確率論的な浮動として理解されるものごとの典型です。それゆえに生物進化のプロセスは、唯一無二の出来事の連鎖としての「歴史」とみなされるわけです。

世界は決定論的か、非決定論的か

あとで振り返りますが、世界の構造が本当にこのようなものであれば、普遍的な法則性に還元されつくさない歴史であるとか、個性であるとかいった概念が、意味を持ちます。とはいえこれに対して「本当はそうではない」、つまり「普遍的な法則性によっては説明しきれない確率論的な浮動に見えるのは人間の認識能力、知性の限界からくるものであって、本当は世界のありようは普遍的な自然法則と、宇宙が始まるときの初期状態によって完全に決定されつくしている」という厳密な決定論が正しいという可能性もあります。この立場をとるならば、人文学的な「個性」「歴史」理解は、自然科学的な普遍法則を軸とする理解へと究極的には還元、解消可能だ、ということになってしまいます。それゆえここでも自然科学中心主義の方がオフェンス側に立っているとは言えそうですが、人文学側のディフェンス成功の可能性は、こちらの方がやや高くなるのではないでしょうか。なんと言ってもそこでは、人文学的なアプローチの、自然領域への越境が可能とされているわけですから。そもそも、もしも現実の世界の構造が、自然法則が全面的に一義的な決定論としてはたらいている——確率論的浮動の正体は人間の認識能力の限界からくる測定誤差である——のではなく、確率論的な浮動は実際に起きている、というものであるならば、少なくとも決定論的な還元主義は誤りで、歴史的な個性の生成は普遍的法則のみの帰結としてそれに還元することはできないわけです。仮に世界の真相が決定論的還元主義者の言うとおりで、歴史的個性は我々の知性の限界ゆえの不可避の錯覚に過ぎないのだとしても、その錯覚が逃れがたいもの、不可避なものであるならば、歴史的な個性に照準を合わせる世界理解もまた、我々にとって不可避なものであり、原理的にはともかく、実際的には捨てることはできません（ただし、この「世界は決定論的か非決定論的か」という問題と、「人間に自由意志はあるか否か」という問題は、区別されなければならないようです。青山［二〇一六］ほか）。

因果理解と法則定立

因果関係とは何か

さてここで我々は、「意味理解・解釈」対「自然メカニズム（実のところは普遍的法則）」というかたちで文系と理系、人文（科）学と（自然）科学を対立させる理解よりも、「個性とそれを生み出すものとしての歴史」に照準するアプローチと、「普遍的法則性」を軸とするアプローチを対比し、人文（科）学はどちらかというと前者に、（自然）科学はどちらかというと後者に軸足を置くが、どちらも完全に排他的ではない、という理解を推したいと思います。さてそのことがどのような意味を持つか？　実は、科学的な実証研究の中心的な課題として「因果関係の解明」を捉える、ということは、このような立場をとることと密接な関係にあるのです。

この議論を始めるさいに、「そもそも因果関係の解明とは、あらゆる実証科学における中心的な目標なのではないか？」という問いを想定しましたが、これは必ずしも自明のことではありません。実は因果推論というトピックが盛んになったのは、比較的近年のことであると言えます。実際一部の物理学者はいまでも「因果関係は物理学にとって基本的な問題ではない」と主張します。基本的な物理法則の多くは、時間に関して対称的だから、というだけのことではありません。そもそも因果関係とは普通は、ある一定の時間に、ある一定の場所で起きた個別の出来事と、また別のある一定の時間に、ある一定の（同じであっても別でも構わない）場所で起きたいまひとつの個別の出来事との間に成り立つ関係です。少なくとも我々はそのように「因果関係」という言葉、「原因」と「結果」という言葉を用います。

もちろん「原因」と「結果」の対応関係は、一対一関係である必要はありません。ひとつの出来事の原因となる出来事が複数あっても構いませんし、逆にひとつの出来事が複数の別の出来事に対して影響を及ぼしていても構いません。もちろん、時間的に「原因」の方が「結果」に先行していなければなりませんが。ただし、普通は「原因」も「結果」も、特定の時空に位置するローカルで個別具体的な出来事とされ、宇宙のどこでも成り立つ普遍的な自然法則（確認しておきますが、これはとうていローカルで個別具体的な出来事ではありません）に対しては、それに何らかの因果関係の中での「原因」とかあるいは「結果」であるといった言い方はされません。普通は。

しかしながら、もう少し突っ込んでみるならば、我々は自然法則に対して「原因」としての地位を与えることもあります。「地球の重力は、さらに言えば万有引力の法則は、リンゴが木から落ちた原因（のひとつ）である」という言葉遣いは、それほど不自然なものではないでしょう。しかしながらこのような物理法則・自然法則に対して、何か別のものによって引き起こされた「結果」である、という位置づけを行う言葉遣いは、我々にとっては、ひどく不自然なものではないでしょうか。普遍的な自然法則に対して、それを「結果」として引き起こす「原因」として我々が想定しうるのは、典型的には、宇宙の外側にあってそれを創造した「神」です。近年では実証的な科学の展開は、宇宙そのものが多数あり、多数の宇宙にはそれに固有の別々の物理法則が成り立っている可能性にまで説き及んでいますから、そうした多宇宙における多様な物理法則の可能性まで考慮に入れるならば、この宇宙においては普遍的な自然法則も、多宇宙のオーダーではローカルで個別具体的な出来事としての地位を有することになり、ある種の「結果」として位置づけることが可能になるかもしれませんが。

すごく乱暴に言えばニュートン力学以降の、いわゆる近代の科学的世界観の中で、我々の因果関係観はこのようになっています。すなわち、原因と結果の関係は、典型的には時空内の別々の出来事の間に成り立つ関係です。しかしながらこの関係は必ずしも排他的な一対一関係ではないことが普通です。さらに言えばこの関係は連鎖的なものです。つまり「風が吹けば桶屋が儲かる」的な連鎖によって、ある特定の出来事は、直接的なレベルで複数の別の出来事に対する「原因」となるだけではなく、それが「原因」となって引き起こした（少なくともその生起に寄与した）「結果」の出来事が、さらにそれ自体が今度は「原因」となって「結果」的に引き起こす別の出来事に対しても、いわば間接的な「原因」となる。というより、我々はそうした間接的な「原因」「結果」をもれっきとした「原因」「結果」とみなす。このように因果関係は、いくらでも連鎖する推移的な関係として捉えられています。しかしながら近代的な科学的世界観はここに、非常に特別なオーダーでの特権的な「原因」、（神様を別にすれば、あるいは現代的な多宇宙論を想定しなければ）いわばそれ以上さらにその「原因」をさかのぼることができない、それ自体は別の「原因」によって引き起こされた「結果」ではない特別な、「究極の原因」たる普遍的自然法則を持ち込みます。

「究極の原因」としての普遍的法則

しかしながら、そしてそのことによって実は、「原因」と「結果」、因果関係という観念、考え方そのものが、はしごを外されてしまいます。つまり近代的な科学的世界観は、因果関係という考え方それ自体を不要としかねない仕掛けを備えているのです。どういうことかと言えば、宇宙の中で起きるすべての出来事は、突き詰めればいずれも、「究極の原因」たる普遍的自然法則の「結果」であり、個別の出来事同士の間での「因果関係」を云々することは結局のところ非常にローカルな、便宜的なやり方に過ぎない、ということになるからです。厳密に言えばすべてがすべてに関係している、というのであれば、その中から特定のいくつかの出来事だけを取り上げて、それらの間の因果関係を云々する、というのは、恣意的、というと言い過ぎですが、あくまでもそれを取り上げてそれらの間の関係について考えたい認識主体の選択に依存することであって、宇宙、世界の側の客観的な実在のレベルの問題ではないのではないか、ということです。たとえば宇宙物理学者の須藤靖は、科学哲学者の伊勢田哲治との対談において「二つの出来事が因果関係にあるとは、両者が同じ光円錐の中にあるということに尽きる」という趣旨の発言をしています（須藤・伊勢田［二〇一三］）。哲学者サイドについては、たとえば以下の引用をご覧ください。

一部の哲学者や物理学者によって——たとえばラッセル——ときおり指摘されてきたことだが、物理学の法則を見る限り、あらゆる出来事はその法則の網の目のなかに組み込まれており、ある特定の出来事を「原因」、ほかの特定の出来事を「結果」として取り上げる必要がない。法則的な連鎖はどこまでも続き、ある特定の出来事間のみに因果作用を認める必然性がないからだ（その意味で、物理学的世界には法則性はあるが因果作用はない）。さらに、少々専門的になるが、物理学の基本法則が時間対称的である――その法則下で生じうる現象は逆の時間方向にも生じうる――ことを考慮するなら、法則の網の目に置かれた諸出来事のうち、より過去の出来事を「原因」、より未来の出来事を「結果」と呼ぶ必要もなくなる。（青山［二〇一七］）

世界がもし非決定論的ならば

それに対して、仮に「世界の現実のありようは、普遍的な自然法則によっても時空の隅々までは決定されてはおらず、世界の中ではこの普遍的な自然法則に反したことはひとつとして起こりえないが、主としてローカルな特異性のゆえに、この普遍的法則が許容する世界のありようは多様である」とするならば、個別的な出来事の個性を、普遍的法則には還元しえないもの、として理解することが必要となります。個々の出来事の十分な理解には、そのひとつひとつを普遍的法則の結果としてのみならず、ランダムな確率論的浮動の連なり、つまりは偶然の連鎖によって形作られたそのオリジナルな来歴、固有な意味での歴史の成果として捉えることが、まさに客観的な現実の理解として、つまりは認識主体の能力限界から避けがたいフィクションとしてではなく、不可避となります。言い換えるならば、同じ普遍的法則の支配下にありながら、その細部の出来事においてはさまざまな違いを抱える、複数の世界の様態が――あるいは、文字どおり複数の世界が――存在する、ということです。

このようなかたちで、世界が非決定論的な構造をしていると想定したうえで、ものごとの唯一無二の個性を、その形成にいたる過程、来歴、つまりはそれを結果として引き起こすことに貢献したさまざまな出来事の連鎖の唯一無二性に由来すると考え、普遍的法則による決定（もちろんそれは不在なのではなく、いたるところではたらいている）よりもこの来歴、歴史に焦点を合わせて理解する、というアプローチを、（自然）科学的アプローチと対比されるものとしての人文（科）学的アプローチである、としてみるのは、それなりに有意義なパースペクティヴでしょう。

実験――自然に対する介入

ただしここで注意すべきは、このような考え方は、実は実験科学や工学の発想法とまったく無縁であるわけではない、ということです。普遍的な法則の発見、確立を主眼とするように見える自然科学においても、そうした法則の発見はただたんに自然を、世界を観察し、そこからの一般化として見出される、というかたちでのみなされるわけではありません。というより物理科学にせよ生物科学にせよ、近代科学を近代科学たらしめているのは観察以上に実験という営みでしょう。

実験とは要するに、自然に対してある介入を加えて、その介入のあるなしによってどのような差異が自然の中に生じるか、を見ようとするものです。この場合、行われた介入が変化をもたらすならば、その介入は変化という「結果」をもたらした「原因」であることは言うまでもありません。実験室という人工環境は、ほかの条件を一定にコントロールして、問題の介入の効果だけを純粋に取り出そうという工夫です。また、現代的な科学の道具としての統計学の始まりは、ロナルド・A・フィッシャーの実験計画法、厳密な人工環境の構築が困難な状況にさいして、大量のサンプルをランダムに二つのグループに分け、大数の法則の力で両グループの差をできる限り小さくするというかたちで、介入のみの効果を浮き上がらせる、現代的な言葉で言えば「ランダム化対照試験」に求められます。介入とその結果というかたちで、世界、時空の中の特定の出来事間の関係を主題とするわけです（このあたりについては西内［二〇一三］の解説がわかりやすいでしょう）。

「反実仮想」による因果理解

とりあえず整理しましょう。近年の社会科学を含めたフィールドサイエンスにおける因果推論への注目は、法則定立型の研究に対する批判や反逆を意味するものではもちろんありません。それらは言うまでもなく既存の法則についての知識を前提としています。しかしながらそこでは、研究対象とする出来事の成り立ちを、その究極の原因たる普遍的法則性へと還元しようとはしません。そうではなく、問題の出来事の成り立ちは普遍的法則性だけによっては理解できず、それに加えて、先行するほかの出来事も、またそれ自体でより近い原因として説明図式の中に組み入れねばならない、とするわけです。もちろんこれらのほかの出来事についても、同様にそれらの原因についてさかのぼって探究することはできますが、その果てにすべては普遍的法則という究極原因の結果として理解できる——とは考えないわけです。

そうすると、いずれにせよこの宇宙を支配する普遍的法則は、突き詰めればおよそありとあらゆる出来事についての「原因」であるわけですから、個別的な出来事、それをめぐる因果連関の解明において焦点となるべきは、そうした法則であるよりは、結果となった出来事に先行するほかの個別の出来事、ということになります。では、ランダム化対照実験において試みられているのは、どのようなことでしょうか？　簡単に言えばそれは、ある出来事Aの原因と目される先行する別の出来事Bが、本当にAの原因となっているかどうかを確かめるために、Aが不在である、Aが起きていない、という一事を除いては、Bが発生した状況とまったく同じ状況を人為的に別に作り出し、両者を比較する、という作業です。ここでは、短くまとめて言えば「AがB

の原因である」とは「AがBに対して時間的に先行し、かつ、ほかのすべての条件が等しいところで、Aが起きていればBは起き、Aが起きていなかったならばBもまた起きていない」ということだ、という考え方が前提となっています。実験計画法の背後にはこのような考え方が潜在していたわけですが、これを現代的な論理学によって厳密に定式化したのが二〇世紀末の哲学者デイヴィッド・ルイスです。このようなルイス流の因果関係理解は、文法用語の「反実仮想」「反事実的条件法」（つまりは英文法でいうところの「仮定法」です）による因果理解として、今日の統計的因果推論の考え方にも大きな影響力を及ぼしています（Lewis［1986=2016］、Pearl［2000=2009］ほか）。

もちろんそのように、既知の普遍的法則性の知識を前提としての、個別的因果連関の探究から、新たな法則性の発見がもたらされることもあります。しかしその問題についてはしばらく措いておきましょう。

ここでのポイントは——そして曲者は「Aが不在である、Aが起きていない、という一事を除いては、Bが発生した状況とまったく同じ状況を人為的に別に作り出し」という言い回しをどう理解するかです。

因果推論ブーム

統計的アプローチによる因果分析

近年の因果推論のブームは、社会学がリードしたものとは言えません。どちらかといえば理論的には統計学、並びに統計的機械学習技術とともに再興した人工知能、また実証科学のレベルでは疫学、公衆衛生学を震源として、経済学などの政策科学へと波及したものである、と考えておいた方がよいでしょう。

フィッシャーの原点たる農学は無論ですが、人間相手の疫学、公衆衛生学における病因の解明、そして当然ながら医学における薬剤や手術など治療法の効果についての臨床治験も、当然ながら実験計画法そのものです。ただし、社会科学同様、実験室の外を舞台とするフィールドサイエンスとしての色彩が強い疫学、公衆衛生学では早くから統計的方法は重視されていましたが、内科や外科等の狭義の臨床医学では、意外なほど統計的方法の導入は遅れていたようです。大量観察から、「なぜ効くのか、その具体的なメカニズムはいまだ不明だが、統計的な研究の結果、非常に高い確率でこの療法は効果を発揮する」という知見が得られても、「具体的なメカニズムがわからない」ことをもってそこに技術的な有効性を、そして客観的な因果関係の存在を認めたがらない、という傾向が臨床医の間にはある時期まで根強くあったようです（津田［二〇一二］ほか）。このような発想はある意味で、かつての社会（科）学における「質的研究」重視の発想とも似ていますが、それについてはいまは措きましょう。

パーソナルコンピューターの普及による統計的データ処理の大衆化、さらにはインターネットによるデータ規模の巨大化（ビッグデータ）が確実にこのような状況を変え、今日の Evidence Based Medicine でいう Evidence とは言うまでもなく統計的な証拠ということになりましたが、この統計的アプローチによる因果分析の影響は、疫学・衛生学から臨床医学にのみならず、政策研究という経路で社会科学にも及んでいくわけです。

ある時期までの社会科学、とくに統計的データ分析を武器とする計量経済学や計量社会学、計量政治学においては、またおそらくは実験心理学や社会心理学においても、因果推論への問題意識はどちらかというと低調だったと言えます。基本的にはそこでは、とくに経済学の場合には、普遍的法則性の発見への志向が支配的だったと言えましょう。社会学の場合にはパス解析というかたちでの因果分析への志向が見られましたが、これもどちらかというと、普遍的法則性の発見が困難であるために、いわば次善の策として個別の因子間の因果関係の推定が行われる、という色彩が濃厚でした。またこの時代、心理学の方では、因果推論を含めてそもそも推測統計よりも記述統計の方に重心が置かれていたと言えます。経済学では敬遠、というより積極的に忌避されていた狭い意味での多変量解析、つまり回帰分析や分散分析ではなく、変数空間の次元縮小を行い、さらには表に現れない潜在変数を見つけ出そうとする主成分分析、因子分析をためらわず多用していたのも、そうした理由から来ていたと推測されます。

実証社会科学への影響——計量経済学の場合

このような状況は二一世紀ともなればすっかり様変わりするわけですが、それはどのような事情によるものでしょうか？　今日隆盛している統計的因果推論の基礎となる仕事は、すでに一九七〇～八〇年代にジューディア・パールらによって先鞭をつけられているわけですが、普通の実証的社会科学にその影響が本格的に及んできたのは一九九〇年代半ば以降のようです。経済学の中でもある意味（少なくともかつては）周辺的な領域であった労働経済学、教育経済学の実証研究の展開に、それが端的に現れています。

では、二〇世紀末の計量経済学に何があったのか？　これはそれ自体が将来の経済学史研究上の一大テーマとなるであろう大問題であり、外野の私などにあれこれ言う資格は本当はありませんが、それでもこれだけは言っておかねばならないでしょう。

この時代に計量経済学、統計データを用いての計量分析の焦点は、国民所得や物価、為替レートといったマクロな経済変数が主役となるマクロ経済から、個々の企業や家計、しばしば一人ひとりの個人といったミクロ的な経済主体が主役となるミクロ計量経済分析に移行します。こうした展開の背後には、言うまでもなくさまざまな要因が絡んでいます。しかし大雑把には以下のように言うことができるでしょう（以下については稲葉［二〇一三］、さらにそれが収録された『週刊エコノミスト臨時増刊　保存版　経済学のチカラ』全般を参照）。

第一に、合理的期待形成革命によるマクロ経済学のミクロ的基礎づけ、あるいはゲーム理論の導入による不完全競争市場や組織・制度へのミクロ経済分析の導入、あるいは数理統計学の発展による、統計データ、とくに時系列データの奇妙な性質への理解の深まり、といった理論的洗練が、ある意味では理論と統計的実証研究との距離、隔たりを広げてしまいました。理論モデルから得られた経済法則を表す方程式を、直接回帰分析にかけて検証する、といったやり方は社会経済データには通用しない、ということがわかってきたのです。計量分析にできることは、理論的考察の結果、「変数Aと変数Bの間には系統的な関係があるらしい」という仮説が得られた場合に、それを統計的に裏づける（その仮説が棄却できないかどうかチェックする）くらいのことである、というわけです。理論が教えることはせいぜい「ここが重要らしいのでよく調べてみよう」というあたりにとどまり、物理法則の場合のように、法則を表現する方程式それ自体を統計的検定にかけることは普通はできない、と。すなわち、普遍的法則それ自体よりも、法則の結果導き出される、よりローカルで個別的な関係、とりわけ因果関係が、実証分析の焦点として浮かび上がってきたわけです。

第二に、計算機環境、計算機単体の演算能力はもとより、データ環境の激変が、非常に大規模かつ繊細な計量分析を可能とするようになりました。一九七〇年代までは電卓はあってもパーソナルコンピューターはなく、百に満たないデータセットを回帰分析にかけるにも、個人ベースでは所有できない大型コンピューターが必要でしたが、八〇年代以降のパーソナルコンピューターの急激な普及は、その程度の回帰分析を個人レベルで行うことを可能としました。

また七〇年代頃までは、コンピューター自体の能力の制限もあり、実際二桁程度のデータセットしか取り扱えず、たとえば国レベルの大規模な分析を行うさいには、個人レベルの個票データを直接集計するのではなく、いったん自治体レベルなどで中間集計したデータを取り扱うといったテクニックが用いられました（そして当然それは分析に歪みをもたらし、その歪みを軽減する工夫が研究テーマにもなりました）。しかし八〇年代あたりから、少なくとも国家機関などのレベルでは、万単位の個票データを直接回帰分析にかけるようなことも可能になってきました。そして九〇年代以降、インターネットの大衆化によって、こうした万単位のデータ（のちの「ビッグデータ」のある意味でさきがけですが）の活用の大衆化も徐々に始まっていきます。すなわち、大規模データが限定的ではあれ一般の研究者にもネットを通じてアクセス可能になり、パソコンを通じて分析可能になってくるわけです。そして二一世紀の狭い意味での「ビッグデータ」時代とは、インターネットを通じて万単位どころか億単位のデータを、民間企業が集積し、マーケティングなどに活用することが可能となった時代です。

社会科学への実験アプローチの導入

これに加えて第三に、かつては実質的に不可能とされていた（それゆえに社会調査が社会学をはじめとする社会科学では重要とされていた）実験アプローチの、社会科学への本格的導入という動向をも考慮に入れるべきでしょう。政策を実験における介入と同質のものと考えるわけです。

本来の実験計画法の考え方に従うならば、政策の効果を本当の意味で評価するためには、政策対象と同じような性質を備えた対照群（統制群）を用意しなければならないはずです。医学における臨床治験も、ある治療法の効果を測定するために、ランダムな振り分けによって似たような性質を備えた二つのグループを、処置を施す実験群と、未処置の対照群とに分けます。さらに臨床治験においては、治験の対象者たち自身は、自分がどちらに属するのかわからない（実験群は本当に新薬を投与されるのに対して、対照群は効果のない偽薬＝プラセボを投与される、など）、というふうにセットする（つまりプラセボ効果を防ぐ）二重盲検法が用いられることが多い。この二重盲検法の提起する問題はなかなかに興味深いので、頭の隅に置いておきましょう。

理想的に言えば政策の効果も、同様に対照実験、場合によっては二重盲検によって行われることが望ましいのでしょうが、実際には困難であることは言うまでもありません。政策の対象、ターゲットは普通かなり大規模になります。医学的な治療法の場合にも、しばしば大人数が対象となりえますが、その基本単位は個人です。それに対して政策の場合には、対象が国家や下位自治体レベルなど少なくとも万単位の人集団であることが普通であることに加えて、その基本単位の方も個人であるとは限りません。もちろん教育政策や公衆衛生政策などの効果は、個人レベルでの学力や健康の変化というかたちでも現れますが、政策的介入ではそれ以上に、集団、コミュニティレベルでの変化もターゲットとなります。一人ひとりの学力や健康のみならず、集団レベルでのそれらの平均や、個人単位ではなく集団単位の特性、つまり割合や分布、たとえばある病気の発生率とか、失業率とか、所得の分布（ジニ係数などの不平等尺度で表します）なども問題となります。こうなると、政策効果の測定・分析は、ひとつの集団・コミュニティの中のたくさんの人々、の分析ではすまず、実験計画法ふうの理想的に言えば、たくさんのコミュニティを集めて、それらコミュニティのグループをランダムに二つのグループに割り振って対照実験しなければならなくなる。それは大変にコストがかかるやり方です。

しかしながら近年の開発経済学では、このコミュニティレベルでの対照実験を、主として途上国の村落を対象として行うようになってきています（Banerjee and Duflo［2011=2012］ほか）。また、すでに実際になされた政策や制度構築の経験の中に、擬似的な対照実験として解釈しうるような事例を見つけ出し分析する「自然実験」も盛んになってきています。アメリカ合衆国などの連邦制の国家では、教育政策やその他の社会政策において、自治体ごとの独自性、多様性が強いことがあります。このような場合、たとえば実態面ではひとつながりの経済圏、生活圏を形成していながら、州境などにまたがっていて別々の制度のもとに分断されているような地域があれば、格好の「自然実験」の場として利用できます。

因果推論における比較の方法
「定量的研究」と「定性的研究」

『社会科学のリサーチ・デザイン』

以上、大雑把に言えば「マクロレベルで普遍的法則性を探求する」方向から、「ミクロレベルで個別具体的な因果関係を分析する」方向へのシフトが世紀転換期の計量経済学においては見られたわけです。その背後にはパールらによる統計的因果推論についての新しい考え方があります。そして政治学、社会学を含めて広く読まれたキング＝コヘイン＝ヴァーバの『社会科学のリサーチ・デザイン』（King, Keohane and Verba［1994=2004］）は、この発想をいわゆる質的研究（彼らのことばでは「定性的研究」）、少数事例の濃い記述を軸とする分析へと広げようとするものでした。彼らによれば社会科学や歴史学における、少数事例のインテンシヴな研究は、たんなる記述ではなくより深い説明を目指すものであり（あるいはそうあるべきであり）、しかもその目標は定量的研究（計量分析）のそれと本質的に異なるものではない、というのです。そのさいに彼らはここでの解明の目標を「法則」ではなく「因果」という言葉で表しました。少数事例のインテンシヴな定性的研究においても、その主たる目標は因果関係の解明であり（たとえば「いかなる要因が社会革命を引き起こすのか」等）、そのために少数ではあれ複数の事例を検討し、「自然実験」――とはいかずとも、比較を通じた反事実的条件法による因果推論を行っているのだ、と彼らは主張しているわけです。

ここで King, Keohane and Verba［1994=2004］が念頭に置いているのは主として政治学、それもマクロ政治社会学や国際政治学における戦争や革命などの大規模で複雑な出来事の解明です。このような出来事は複数とは言え少数のサンプル（一桁？）しかないため大数の法則に期待できず、統計的分析に向かないように見えます。また、あまりに複雑であり、それを仮にひとつの出来事と捉えたとしても複数の「原因」がそこに絡んでいると考えざるを得ず、仮に大量のサンプルが手に入ったとしても、古典的な実験計画法、ランダム化対照実験のようにひとつの要因に焦点を絞り込んで比較を行う、というアプローチの出番が限られてきます。

コミュニティレベルの政策研究ならともかく、国家・国際社会レベルでの政策効果の研究や、大規模な政変や戦争といった大事件についての実験的研究は、実際的な実現可能性という点からほとんど不可能であり、また言うまでもなく倫理的な観点からも許容できません。ですからこうした対象については、能動的な実験的介入を通じての比較ではなく、すでに既成事実として起きてしまった事例を収集して比較分析する、という受動的なやり方をとるしかないわけです。

「すでにある事例」をランダムに分割することはできない

それでも多数の事例を集めることができ、かつ前もって注目すべき焦点を（理論的考察などの結果として）絞ることができるのであれば、擬似的な実験、つまり検証したいひとつの要因のみについて異なっている以外は、互いに似通った二つのグループに収集した事例を仕分けることもできそうな気がします。しかしながら少し考えてみれば、これがあまりうまくいかないだろうことがわかります。そもそも実験においては介入に先立って対象をランダムに二つのグループに分ける、つまり自然の力、大数の法則によって二つのグループの性質を揃えたうえで、そのあとから介入による違いを生み出します。ところがすでに確定した歴史的事実としての事例のグループをさらにある要因のあるなしで二つのグループに分けるということは、どうしたってランダムな分割にはなりません。

たとえばそれこそ労働経済学・教育経済学のテーマとしてよく引き合いに出される、学歴や職業訓練の所得に対する効果の分析について考えてみましょう（研究史のサーベイとして黒澤［二〇〇五］）。実験計画法の考え方に則れば、学校に通ったり、職業訓練を受けたりすることが、その後の稼ぎを上げるかどうか、を調べたければ、ランダムな分割で作り出した、互いに性質の似通った二つのグループに対して、一方は学校に行かせたり職業訓練を受けさせたりして、他方にはそれをさせずにおいて、しかる後にはたらき始めてから両群の平均所得を調べて比較すればよいわけです。しかしながらこんな実験は、当然現実の市民社会のルールのもとでは許容されるとは思えません。現実的に可能なこととといえば、学校に通ったり職業訓練を受けたりした人々と、そうでない人々との間の所得格差を調べてみることくらいです。

しかしながらここには当然ながら罠があります。だいたいにおいてこのような調査をしてみれば、学歴が高かったり職業訓練を受けていたりした方が、そうではない人々よりも所得が高くなるわけですが、だからといってここで、その違いを生み出した原因が学歴や職業訓練の有無だ、ということにすぎさまならないことはよく指摘されます。すなわち、学校や職業訓練コースはしばしば生徒を選別するからです。学校や職業訓練の機能は、教育によって生徒の稼得能力を上げることではなく、入り口の選抜試験によって稼得能力のあるなしを判定し選別することの方にこそあるのだとしたらどうか、ということです。この場合たしかに、卒業・終了後の所得と学歴・訓練履歴の間に相関は生じますが、それらの間に因果関係はない。そうではなく、第三の因子としての、先天的能力が、学歴・訓練履歴と所得の双方に対する「原因」となっていることになります。

現実問題として考えてみれば、学校教育自体や職業訓練自体の効果が皆無ということもなければ、それらの選別効果が皆無ということもないでしょう。しかしいずれにせよ学歴・職業訓練履歴と卒業後の所得にのみ注目していたのでは、こうした真の因果関係は見えてこないわけです。ところがここで選別効果の可能性を念頭に置かずに、学歴・職業訓練履歴にのみ注目して、調査対象を分割したらどうなるでしょう？　研究者の意図としては学歴・職業訓練履歴だけを分類インデックスとしてグループ分けをしたつもりでも、それは実際には同時に、先天的能力においてもシステマティックに異なるグループ分けに期せずしてなってしまうわけです。

以上のように考えるならば、研究者の側からの実験的介入が（技術的理由であろうと倫理的理由であろうと）できない、ランダムな分割ができない対象の中で比較研究を行うためには、できる限り多様な、複数の要因を検討の俎上に載せていった方がよいわけです。実験的介入の場合には、介入に先立っての調査対象群のランダムな分割が可能であり、きちんとランダムに分割すれば、見落としている要因、気づいていない要因についても、自然が、大数の法則が、それらの効果をならして打ち消してくれるので、実験的介入によって操作する要因以外の効果を無視することが許されます。しかしながら研究に先立ってすでにそこにある事例群に対しては、このような分割の操作は不可能です。どのような要因に着目しての分割も、ランダムなものにはなりえないからです。

因果推論の道具としての重回帰分析

ここでランダム化対照実験と少数事例の定性的分析が、因果推論における対極的なアプローチとして浮かび上がってきたわけです。しかしこれは自然科学も人文社会科学も包括した科学一般の話としてはともかく、社会科学に視野を限定すれば、ややアンバランスな構図です。何となれば、社会科学における実験的手法の本格的導入は最近のことであり、かつてはもちろんのこと、実のところいまでも社会科学における量的調査、定量的研究の典型はといえば、実験計画法などではないからです。すなわち、一九七〇～八〇年代頃までの計量経済学において非常に広く行われていた、また計量社会学の「パス解析」などの名称で広く見られた回帰分析、より厳密に言えば重回帰分析による構造方程式の推定です。ではこれを我々はどのようなものとして位置づけることができるでしょうか？

今日、普遍的な社会経済法則を表現する方程式を重回帰分析で推定する、というやり方は経済学でも流行らず、重回帰分析は因果推論の道具として用いられる場合が多いわけですが、根本的な考え方自体がそれほど激変したわけではなく、解釈のさいの力点が移動し、よく言えばより明瞭になった、というところでしょうか。重回帰分析は単一の従属変数と複数の独立変数の間の関係式というかたちで、複数の要因の間の関係を表しますが、今日ではここで、従属変数が「結果」、独立変数が「原因」として解釈できるように設定します。そのような設定のためには、実証に先立って理論的考察が必要であり、統計的作業それ自体からは何が「原因」で何が「結果」かは導き出せない、との姿勢は研究者の間で共有されています。

さらにここでは、従属変数を「結果」の側に、独立変数を「原因」の側に割り振るだけではなく、複数の独立変数同士の間での因果関係が入り込まないように（実際には相関関係を排除するように）、あるいはそれらの間の因果関係をも明示的に表現したモデルになるように変数を選択し、必要な場合には合成変数を作成したりもします。

先に見た学校教育・職業訓練の所得に及ぼす効果のケースを例に見ましょう。教育訓練だけを独立変数にしてしまって、それ以前の生得的資質・能力という要因を独立変数に組み込まなかった分析は不適切です。となれば、より適切なリサーチ・デザインとしては、教育訓練とは無関係の生得的資質を表すと解釈できるデータを集める必要があります。研究者が能動的にアンケートやインタビューなどで自らデータをとる社会調査の場合には、調査項目にあらかじめそれを入れておく必要がありますし、官庁統計やマーケティングデータなど既存の別の調査データを流用する場合には、そのように解釈できる項目がその中にないか、探す必要があります。むろんそれ自体なかなか大変な作業ですが、それだけではすみません。うまいことデータが見つかったところで、単純にそれを回帰式に入れればよい、というわけにはいきません。言うまでもなく、学歴・訓練歴と生得的資質との間に相関、それどころか因果関係があるかもしれないからです。そうなるとこの関係をも組み込んだモデルを作らなければなりません（このあたりの詳しい事情については章を改めます）。

このように考えると、単一の要因にポイントを絞った大量観察によるランダム化対照実験と、少数事例のインテンシヴな質的分析のいわば中間に、複数の要因を考慮に入れた大量観察として、重回帰分析による研究、を位置づけることができそうに見えます。

重回帰分析において取り上げられる複数の要因は、うまくお互いを独立に、相関しないものとして設定したうえで、なおかつ、見落としなく、有意味なものを適切に拾い上げることに成功していれば、理想的な場合には、ランダム化対照実験に対する「次善の策」として解釈できるはずです。つまり、回帰式におけるひとつひとつの係数は、ほかの要因を一定不変としたときに、その係数がついた「原因」が、それのみが純粋に「結果」に対して及ぼす因果的効果の程度を表すものになってくれます。しかしもちろんそれはあくまでも「理想的」な場合です。研究者の事前的介入を許すランダム化対照実験の場合とは異なり、歴史的にできあがったデータを、あくまでも事後的に解釈するしかない受動的な調査や歴史研究の場合には、そこまでうまく単一の要因のみの効果を切り出すことはできませんし、不適切な理論仮説のせいで見落としてしまった、モデルに変数として組み込み損ねた要因の効果は、それこそ不可視になって、どうしようもありません。

中間的まとめ――法則理解と因果理解、定性的研究と定量的研究、探索的解析と確証的解析

実験・重回帰分析・少数のケーススタディ

あらためて、ランダム化対照実験をベンチマークとするかたちで整理してみましょう。ランダム化対照実験においては、ひとつの実験においてはひとつの要因に焦点を絞り込み、研究対象を前もってランダムに分けることによって、事前的にはおおむね同質の処置群と対照群（統制群）を作り出します。そこでは研究者の無知によって見落とされた、気づかれなかった要因も、大数の法則によってならされてしまっています。これに対して、同様に大量データを統計的に分析する場合でも、実験が不可能で、調査によって得られた所与のデータ（とはいえ調査が実験に比べれば受動的とはいっても、情報を収集するという行為自体がどうしたっていくぶんかは能動的であり、そこから得られたデータが本当はとうてい「所与」とは言い難いことについては、あらためて触れます）をそのまま利用するしかない場合には、次善の策が必要です。重回帰分析を典型とするいくつかの手法は、たとえ問題意識の焦点が単一の要因にある場合、典型的にはある出来事の生起に影響を及ぼしていると思しき、ある別の出来事について、その影響の有無と程度

を知りたい、という場合であっても、問題の原因候補となる要因と結果の出来事のみを変数（念のために言っておけば前者が独立変数、後者が従属変数です）として組み入れるわけにはいきません。まったくその逆に、その要因の効果のみをきちんと識別するためにこそ、ほかのあらゆる要因を可能な限り射程に入れる必要があるのです。分野によってはこうした手続きを「層化」と呼びます。

とはいえ実際には、統計的に意味のある分析ができる程度のデータセットには、それなりの数の事例を入れなければなりません。大雑把に言えば少なくとも二桁は欲しいところです。そして当然、時間と労力が限られているところでは、ひとつひとつの事例について、そのさまざまな側面に光を当てて丁寧に見ていくことと、できる限り多くの事例を検討することとの間には、あちらを立てればこちらが立たずのトレードオフ関係が発生します。そう考えると、単純に重回帰分析をランダム化対照実験と少数のケーススタディとの中間においてみることはミスリーディングでしょう。つまり、事前のランダムな割り付けが可能な実験的研究と、研究者による事前的な介入がない、狭い意味での社会調査と、歴史的データに基づいた研究の間には、ある種の質的な断層があり、そのうえで、重回帰分析とケーススタディとが（実験とは区別されるものとしての）調査研究における両極をなし、両者の間で「質と量のトレードオフ」が発生する、くらいに考えておいた方が無難であるのかもしれません。

定量的研究と定性的研究の断層

しかしながらもちろん考えようによっては、ランダム化対照実験と調査データに基づく重回帰分析という「定量的研究」と、「定性的研究」「質的研究」の間にこそ、より大きな断層があるのだ、とも言えます。昔から言われていることの反復になりますが、量的研究においては、ことにここで問題としている因果推論や、昔ふうの法則定立を目指しての構造推定の場合は、具体的な仮説をきちんと立てたうえで、それを確証することにどちらかといえば比較優位があるのに対して、少数事例を細密に分析する質的研究の場合には、仮説の確証よりも、それに先立っての仮説構築それ自体、具体的な仮説検証において俎上に載せるべき調査項目それ自体の選定という探索的な作業の方に比較優位がある、とされています。要するに量的研究においては、たとえばアンケート調査の場合には明確ですが、事前に調査項目、つまりは分析対象とする要因を確定しておかなければなりません。しかしながら少数事例の質的研究の場合には、歴史的資料を時間をかけて多角的に読み込みながら、あるいは調査の場合にも、人間相手のインタビューにおいて、あらかじめ用意しておいた質問項目以外のことも、その場で当意即妙に入れ込んでいく、あるいは調査対象からの思いがけない情報やアイディアの提示を取り込んでいくことが可能となります。乱暴に言えば量的研究の場合にはあらかじめ明確に立てておいた問題を検証していくことに、質的研究は問題そのものを発見していくことに、それぞれ比較優位がある、というわけです。

確証的解析と探索的解析

付言しておくならば、統計的研究の中でも、仮説検証的なもの、いわゆる確証的解析と、反対に問題発見的なもの、いわゆる探索的解析とを区別することができます。経済学者が回帰分析を使って行う、有意性検定を必須のものとして取り込んだ構造推定や、あるいは医学・衛生学での病因の推定や治験の効果の判定などは前者です。それに対して心理学者が多用する因子分析や、マーケティングなどでよく用いられるクラスター分析、あるいはカテゴリカルな変数（テストの点数とか、商品の数量と価格などのように、大小の順序がつけられて、「それぞれどれくらい離れているか」という距離も設定できるような数、とりわけ連続して並べられる実数によって表現できる、あるいは近似できるような変数ではなく、「信じる宗教は仏教かキリスト教かイスラームか……」といったように、不連続かつその間で順序もつけられず距離も設定できないような変数………「数」というより「項」）を、順序がつけられて連続的な変数に変換する数量化（比較的よく知られているのはピエール・ブルデューも愛用した対応分析＝数量化Ⅲ類です）などの、狭い意味での多変量解析、つまり多変数からなるデータ空間を、より少数の変数からなるものへと縮約する、次元縮小を目的とする解析法は、どちらかというと仮説の確証よりも問題の発見のために用いられることが多いと言えます。どの要因とどの要因との間に相関関係があるのか、とりあえず手っ取り早く発見するために便利な技法です。あくまでも「程度」「方向性」の問題です（なお、多変量解析の世界ではしばしばカテゴリカルな変数を「質的変数」と呼ぶことがあるから注意しましょう。それは本書の議論の文脈では、立派な「定量的研究」の守備範囲です）。

とはいえこのような探索的多変量解析の場合には、とりあえず調査項目に入れておいたたくさんの変数の中から、どれに意味がありそうか、どれとどれとの間に関係がありそうかという目星をつけることには使えますが、調査をしながら新たな項目を立てていく、という芸当には使えません。しかし少数事例の定性的研究の場合には、それがある程度可能です。とりわけ人間相手の調査の場合には、意識的にであれ無意識的にであれ、調査対象の方が検討すべき項目、考慮すべき要因自体を研究者に教えてくれる、提案してくれることさえありうるのです。これは量的研究においてのみならず、質的研究の場合にも、自然科学においてはほとんど期待できません。調査対象からのコミュニカティヴなフィードバックの可能性は、人文社会科学固有のメリットであると言えましょう（多変量解析まで含めての統計学全般の概観としては、三中［二〇一八］も有益です）。

問題は、それがどういうことなのか、です。私見では社会科学、というよりとりわけ社会学における理論の危機と、この調査対象とのコミュニカティヴな関係性とは、表裏をなしているのです。

意味理解の方へ

ところで、人文系、社会学系の読者のみなさんは、ここらへんでそろそろフラストレーションがたまってきたところではないかと思います。前著である稲葉［二〇〇九］を読まれた方をはじめ、これまでの社会学にある程度親しんできた方々は、ここまでの議論は社会学の問題意識の一番肝心のところを外している、と感じられたのではないでしょうか。

ここまでの議論は因果推論に焦点を当てることによって、人文（科）学と（自然）科学、そしていわゆる質的研究と量的研究との間の見かけの断絶を見直そうとするものでした。普遍的法則の定立とそれによる個別事例の説明以外にも、個別具体的な出来事の因果的解明という目標が科学研究にはあり、それは決して人文（科）学の独占物ではないのだ、と。しかしそのような議論は、ひとつの、とは言わないまでもある限られた特定の要因に注目する、という作法を科学研究における典型的な在り方として印象づけるものであったかとは思います。そのような議論をされると、少なからぬ読者の方はやはり不満を覚えるのではないでしょうか――すなわち、社会学という新しい学問が立ち上がるにさいしては、そのような特定の要因に焦点を絞る単純化ではなく、複雑なシステムとしての社会の全体を主題化することが目指されていたのではないか、と。すなわち、いわゆる方法論的全体主義の問題であり、「社会システム」という言葉で語られていた問題です。

そしてもうひとつのありうべき不満は、それこそ一九世紀にヴィルヘルム・ディルタイの解釈学などによって提起されていた、（自然）科学と人文（科）学とのいまひとつの、というより根本的な違い、すなわち、人文科学における意味理解、解釈という方法の問題がまったく触れられていない、ということです。

この二つの問題を無視するつもりはもとよりありませんが、人文社会科学と自然科学の違い、が論じられるときにはもっぱらこれらの問題、とくに後者ばかりが取り上げられることへの不満がありましたので、ここでは意図的にこちらを後回しにしました。しかしそれだけではありません。この二つの問題――というよりその統合は、稲葉［二〇〇九］で触れられずに宿題としてしまった問題でもあります。ですから本書の探究の本丸は、むしろそちらの方にあります。
それでは、ぼちぼちそちらの問題に入っていきましょう。

2

社会学における「質的調査」と「量的調査」

質的社会調査と歴史学における質的（定性的）研究

社会学における「調査」

前章ですでに「定量的研究と定性的研究」の問題について、主として政治学での議論を踏まえてまとめてきたわけですが、政治学やその他の人文社会科学一般でいう「定量的研究と定性的研究」「量的研究と質的研究」の区別と、社会学でいうところの「量的調査と質的調査」の区別の間には、微妙ではありますが重大な違いがあります。言ってみれば後者の区別は前者の区別の中のそのまた下位区分の問題にかかわります。King, Keohane and Verba［1994=2004］が念頭に置いていた量的研究と質的研究とは、主として「既存のデータベースをもとにした統計的解析」と、「歴史的資料を用いた事例分析」であるのに対して、社会学でいう量的調査と質的調査とは、「アンケートなどをもとに大量観察を行い、その結果をデータ化して統計的に解析する」という作業と、「当事者へのインタビューや現場の参与観察を通じて、事例に密着、場合によってはその当事者となって事例を内側から体験したうえでそれをもとに事例を分析する」というものです。

簡単に言えば、政治学（や経済学）の場合には、質的研究とは主として歴史的な素材、歴史学の成果を援用した事例研究として理解されています。そこでは研究の素材、資料とは基本的に史料です。そうした史料は普通、後世の研究者のために意図的に残されたものではなく、過去の人々が自分たちの生活を営むうえで必要に応じて作成した記録を、当の過去の人々の意図とはまったく独立の問題関心をもって、現代の研究者は解読します。それどころか考古学の場合が典型ですが、研究者によって史料として解釈される素材は、しばしばそれ自体では「記録」として作られたものでさえありません。過去の人々が用いていた実用的な道具や機械が「遺跡」として残され、それが資料として分析される、というのが考古学研究の基本ですね。

もちろん社会学においても、そのような意味での質的研究は普通に行われています。しかし社会学が「研究」とは別の意味で「調査」、つまり「社会調査」という言葉を用いる場合には、それはフィールド、実験室ならぬ現場に出て、自分で資料を収集する、あるいは資料自体を作成することを意味します。企業調査などで帳簿などを見せてもらうのは既存の資料収集ですが、アンケートを行ったりインタビューをしたりというのは、自前での資料作成ですね。そのようなフィールドでの調査のうち、少数事例へのインタビューや参与観察を軸とするものが、いわゆる「質的調査」です。

質的「調査」と歴史的な質的「研究」との違い

このように考えると歴史研究を含めた質的研究一般と、社会調査における質的調査との間には、共通点と同時に違いもまた大きいことがわかります。どのような違いか、と言えば、まず気づくのは、質的「調査」の場合には基本的にそれは研究者と調査対象とのコミュニケーションを基盤としているのに対して、歴史的な質的「研究」の場合には必ずしもそうではない、ということです。歴史学における「史料との対話」という言葉遣いも、厳密に言えば一種の比喩であり、ことにもう死んで消え失せてしまった史料の作り手やそこに登場する人々は、我々の問いに対して直接応答してくれることはありません。そもそも史料の多くは、後世の人間に語り掛けること、何かを伝えることを目的としていない場合があります。

オーラルヒストリーの位置づけ

もう少し突っ込むならば、「オーラルヒストリー（Oral History）」、口述史、と呼ばれる比較的新しい分野、というより手法があります（簡便なサーベイとして朴［二〇一四］）。至近過去の歴史研究において、存命中の当事者に直接インタビューして、とくに文書などの記録に残っていないことを中心に、記憶をもとに証言してもらい、それを史料として活用する、という研究法です。これは正確に言えばまったく新しいものでもなんでもなく、近現代史研究においてはよく用いられる手法ですし、何より社会学にとっては、それこそ二〇世紀の初期シカゴ学派の移民研究以来、その記録が普通は残らない普通の人々の生活、人生を知るための技法として、由緒正しいものでした。すなわち、生活史（Life History）です。

ただし生活史研究は、基本的には現在を知るための社会学的な技法とされ、過去を知るための歴史学的な技法とは従来はあまり考えられてきませんでした。他方で歴史学プロパーにおける当事者へのオーラルヒストリーは、それこそ政治家や企業家など、歴史上の重大事件にさいしてのキーパーソンへのインタビューを中心としていましたが、どちらかというと補助的な手段と考えられていました。つまり歴史学においては、当事者の多くが存命中の至近過去の研究にさいしても、史料の中心は文書その他の有形の記録を中心に考え、当事者の証言はあくまでも二次的、補助的なものと考える傾向が強かった、ということです。これはどういうことでしょうか？

一見したところ歴史学の文書資料中心主義は、その研究対象の性質がしからしむる当然の帰結のように見えます。すなわち、歴史学の対象はまずもって過去の出来事であり、関係する当事者は基本的に存命ではなく、その証言を直接とること、知りたいことを直接問いただすことはできない、という状況の方が基本的です。それゆえにもものとして残りやすい文書や遺跡が、基本的な研究資料となる、というわけです。ところがこうした文書（などのもの）中心主義が、当事者が存命の近過去の研究にまで適用されるとしたら、それはなぜでしょうか？　その最大のファクターは「当事者の現時点における主観的記憶は、同時代に作成された記録などに比べて、データとしての信頼性が低い」という想定です。人間の記憶はあいまいで偏りが大きく、文書やその他当時のままのかたちを保った資料に比べて、史料としての価値が落ちる、というわけです。

このような当事者の証言という資料、オーラルヒストリーの社会学と歴史学における位置づけの違い、は非常に興味深い問題をはらんでいます。社会学の生活史研究におけるオーラルヒストリーは、資料のすべてとは言わないまでも中心的な意味を持ちます。その理由は一見したところ「そもそも文書などの有形の資料が乏しい場合にはいかに信頼性が低かろうと当人の記憶が最重要の資料である」というものですが、ではそれはただたんに文書が存在しないがゆえに次善の策かと言えば、そう言い切れないところもあります。

歴史学の最大のポイントが史料批判であるとするならば、不正確さや偏向を考慮に入れて史料を批判的に読解する必要性自体は、当事者の証言の場合とはまた違ったかたちにおいてではあれ、文書資料の解釈においても厳然として存在しているわけです。オーラルヒストリーのみをとりわけ「史料として特殊である」とする理由はそれほど自明ではないでしょう。また人類学や社会学の影響を受けての、歴史学の対象としての普通の庶民の歴史、いわゆる社会史の研究においては、社会学同様に、有形の資料を利用できない場合が多く、それが可能な至近過去の場合には、オーラルヒストリーのデータが基本史料として用いられます。以上のように考えるならば、かつてに比べればオーラルヒストリーをめぐる歴史学と社会学との間の距離は縮まっていると言えましょう。

それでもなお、過去の文書資料を中心とする歴史学的な意味での質的研究と、現時点での社会学的な質的調査を分かつ最大のポイントは、先に触れた「調査対象からのコミュニカティヴなフィードバックの可能性」です。先にこれは自然科学と対比しての「人文社会科学固有のメリット」であると述べましたが、正確に言えばこれは社会学や（質的）心理学、人類学、経営学などにおける実態調査ならではのメリットであり、歴史学や「量的調査」においては期待しがたいものです。もちろんそれは史料としての不正確さや偏向といったリスクと切り離せないもので、「いいとこどり」を許さない構造を持ってはいますが。

社会科学の定量的研究と量的社会調査

「量的研究」一般――既存データの利用・発掘

では「量的研究」一般と「量的調査」の場合はどうでしょうか？　経済学や政治学における通常の「量的研究」とは、その大多数は既存の公的な統計データ、学術研究のためではなく、主として行政目的で作成されたデータ（経済統計やその他社会統計、また選挙の記録や企業の有価証券報告書等々）を用いて行われるものです。もちろんこのような統計データが整備されてきたのは近年ですので、現状分析にこうした統計データを用いるのに比べると、こうした公的統計に基づいた歴史研究にはおのずと限界があります。統計制度が整備された近過去までしかさかのぼれないからです。

公的統計の制度的な整備以前の過去の資料で、なおかつこのような統計的研究の素材となりうるものは、教会の教区簿冊や寺社の宗門人別帳に出生・死亡の記録が長期にわたってたまたま残っていたりした場合に、そこから人口動態を復元したり、というふうに、少数事例の長期にわたる時系列データとして用いられるようなものはあっても、同時点における大量観察のデータとして用いることができるようなものはなかなかありません。このような計量史学的研究においては、いかにして統計的分析にかけられるような史料を発掘してくるか、またその資料を本格的な分析に耐えられるように批判し加工するか、が歴史家の腕の見せどころ、ということになります。そう考えると、近代以前の遠過去についての計量史学的研究は、普通の意味での「量的研究」よりも少数事例の「質的研究」の方に近いものだ、と言うべきかもしれません（計量経済史学・歴史人口学の入門書として斎藤［二〇一三］）。

社会学の「量的調査」——データを作る

これに対していわゆる「量的調査」、社会調査における量的研究は、大量観察に耐えるデータを、大変なコストをかけて収集したうえで、それを分析する、というものです。官庁統計であれあるいは過去の史料であれ、既存のデータを使う場合には、それが必ずしも自分の知りたいことを直接に示してくれるとは限らないため、資料の意味するところの解釈に相当のエネルギーを割かねばなりませんが、量的調査の場合には、調査主体の研究者自身が、調査項目、自分が知りたいポイントを入れてアンケートを設計することができます。

とはいえ、実は「現状分析」が眼目である限り、既存データを用いた量的研究と、自分で資料を作る量的調査の間には、見かけほどの違いは存在しない、とも言えます。というのは第一に、官庁統計をはじめとした公的な統計データベースは、政策・制度設計の基本的な資料として用いられることを主目的としているため、それ自体がある程度は人文社会科学の知見に立脚して作られているからです。第二に、政府や政策とは関係なく、一般の研究者が量的調査を行おうとする場合にも、少なくともごく最近までは、アンケートなどを通した大量観察は相応の資金やマンパワーを要し、個人ベースで行うことができるようなものではなく、公的支援を得て大規模なチームを組んで行われるしかなかったからです。

「質的社会調査」とは何か？

このように考えると実に意外なことに、「量的研究」一般と「量的調査」との間に明確なコントラストが見られる、というわけでもないことがわかります。むしろ先の「質的研究」一般と「質的調査」との対比とあわせて考えるならば、

・調査対象からのコミュニカティヴなフィードバックが期待できる少数事例の対面

的直接研究としての「質的調査」
・質のよいデータベースの構築と、事前の周到な理論的考察を経ての調査項目設定を前提とした、大量観察と統計分析としての「量的調査」
・歴史上の少数事例の精細な分析としての（社会調査ではない）「質的研究」（計量史学的研究も少なからずはここに入る）

というふうに分けて考えることが適切なのではないか、ということになります。

歴史研究が大体において「質的研究」のくくりに落ち着いてしまうことの意味について、もう少し考えましょう。そもそも歴史学、歴史研究は人文社会科学、と言わないまでも人文科学の本道であり、その眼目は法則定立にではなく、歴史的な一回性、唯一無二の個性の解明にある、と考えられがちだ、と最初の方で述べました。King, Keohane and Verba［1994=2004］では、政治学における定性的研究の意義の捉え返しは、社会科学的歴史研究のそうした性格の否定ではもちろんありませんでしたが、そのような研究が法則定立志向の強い定量的研究と対立したりするものではないこと、むしろ因果分析を社会科学の眼目とするのであれば、両者の対照と同時に相補性も見えてくること、を主張しようとするものでした。社会科学の観点からすれば、歴史上の事例を用いての研究も、出来事をめぐる因果関係を解明しようという点では、大量観察を通じて法則性を発見しようという量的研究とその目的は基本的に変わることはない。ただし、一回性が高い、あるいは類例が少ない出来事が対象であるために、サンプルサイズ、研究する事例の数が少なくなるため、大数の法則など統計的な効果に期待することができないというデメリットがある。このデメリットとトレードオフをなすのが、事例の数が少ないため、ひとつひとつの事例を多面的に検討し、調査項目の数、種類を増やすことができる、というメリットです。

ただ、歴史研究における少数事例分析の優越という問題は、もっぱら以上のような事情に由来するというわけではありません。それはそもそも「史料」というものの基本的な性質と深く関係しています。とりわけ、統計的データベースや裁判所判例、議会議事録、その他公的記録といったものが意図的かつ系統的に作成され、図書館や公文書館などに預けられ、後世に残されている場合を除けば、少なからぬ「史料」というものは、偶然にかつ例外的に残されたものです。計量史学の素材として用いられるものに、数百年間存続した修道院で、たまたま途切れることなく帳面につけ続けられた買い付け記録をもとにした物価統計などがありますが、こうした記録は歴史家の検討に付されるべく意図的に作られたものではもちろんありません。すなわち、過去の歴史家や記録作成者たちが作り、散逸することなく偶然我々の手許に届いたような史料には、またそのような史料を生み出した出来事には、その絶対量が少ないのはもちろんのこと、いわゆる「代表性」があまり期待できないことが普通なのです。

このように考えれば、歴史的事例の「質的研究」におけるサンプルサイズの小ささ、事例の少なさの問題は、どちらかと言えば受動的、消極的なものであるのに対して、社会調査における「質的調査」においてサンプルが小さい理由はもっと積極的な意義がある、と言ってよいのではないでしょうか。すなわち、調査対象との間の相互的コミュニケーションの存在です。それが何をもたらすのか？　そこにはもちろん正負の両面がありますが、最大の眼目は「調査対象の方から調査項目を提案してくれる可能性がある」というところです。

復習——因果推論のための研究戦略

社会科学的調査研究とは

ややこしい話になりますのでくどいようですが、復習を兼ねてしつこく再確認します。社会科学的な調査研究がどのようなものであるか、あらためて考えてみましょう。

具体的な研究の作業においては、単一の事例、単一の対象（それがある個人であれ、企業や団体であれ、あるいは歴史的な事件であれ）のみを調査の対象とすることももちろんありますが、そのような調査の結果も当然ながらいずれはほかの調査研究と比較対照されるわけです。それゆえ調査研究は基本的には複数事例の比較を眼目とします。ですから、ひとつの研究プロジェクトにおいても、同じカテゴリー、同じ仲間に属すると考えられる複数の事例を研究対象とします。こうして調査対象が確定されます。

ところで、ここで選ばれる調査対象は、この「同じカテゴリー、同じ仲間」に属するすべての対象、すべての事例を網羅する場合もありますが、多くの場合は、その一部を抽出するだけです。ここで事例の選択、サンプリングが問題となります。ここでの研究目標、知りたいことは「同じカテゴリー、同じ仲間」に共通する何事かであるわけですから、抽出した一部＝サンプルが、もとの全体の中の変わり者ばかりを集めてしまっていては、そこから得られる知識は偏ったものになってしまい、もともとの「同じカテゴリー、同じ仲間」について適切な知識を得ることができません。もとの全体の性質をうまく知るためには、どのようなサンプリングが効率的か、というのはいわゆる量的調査における大問題ですし、また質的調査における少数事例研究が厭《いと》われる理由のひとつでもあります。

量的調査の統計的解析

さてこうして得られたサンプル、調査対象は複数の事例からなるわけですが、標準的な量的調査のやり方においては、このすべての事例に対して、同じ調査項目を当てはめて、いちいち調べていきます（学力テストの場合に、すべての受験生に同じ科目を受けさせるのと同じです）。そのうえで、調査項目として調べ上げた因子間の関係（学力テストなら、ある科目の得点と、別の科目との得点の間の関係）について、検討していくわけです。

当然のことながら、普通の量的調査、たとえばアンケート調査をもとにした研究の場合、ここで調査項目は調査の実施前にあらかじめ決定しておかねばならず、あとから「しまった！　これについても調べて（聞いて）おくんだった！」となってもあとの祭り、「やり直し」はきかず、それこそ次の調査のチャンス、調査自体のやり直しの機会を待つしかありません。

量的調査の統計的解析の場合、因子間の関係についての考え方については、代表的なものは二通りです。ひとつは、重回帰分析の手法で因果推論を行うやり方。この場合は、調査項目として調べ上げた因子同士の関係を、因果関係として解釈して考察していきます。このような分析においては、ただ関係を見出す（推測）だけではなく、見出された関係が本当に現実に存在すると言えるかどうか、ただの見かけや偶然のいたずらではないかどうかをチェック（検定）する作業が不可欠です。いまひとつは、調査項目として調べ上げた因子の背後に、それらを支配する、より根底的な構造的要因がはたらいているのではないか、と推測し、それを発見しようとするもので、主成分分析や因子分析などの、いわゆる狭い意味での多変量解析が用いられることが多くなります。このような多変量解析は、回帰分析を用いた因果推論の場合とは異なり、どの変数、どの因子に着目すればいいのか、がそもそもまだよくわからない場合に用いられることが多いので「確証的」ならぬ「探索的」分析と呼ばれるわけです。

つまりはこういうことです。発見したい、あるいはその有無を確認したい因果関係や対象のメカニズムについて、ある程度はっきりした理論仮説が調査に先立ってすでにある場合には、そのまま回帰分析を遂行すればよい、あるいは少数の調査項目を正確に測定することが重要であるわけです。しかし理論仮説の結晶化、厳格な定式化の度合がいまひとつの場合には、とにかく関連しそうな調査項目を適当にいろいろ調べておいて、それを探索的多変量解析にかけて全体の動向を見やすくしてから、意味がありそうな因子をターゲットに、より本格的な因果分析に移る——というやり方が考えられます。つまり、あらかじめざっと調べておいたたくさんの調査項目の中から、どれをよりきちんと取り上げて分析するか、という範囲でならば、量的調査においてもある意味で「やり直し」がきくわけです。

ついでに、この場合に理論の役割がどのようなものとなるのか、を確認しておくと、調査対象のメカニズムについてのモデルを作ったうえで、それに基づいて、調査項目を選定することです。ことに回帰分析による因果推論などの、確証的分析においてはそうです。かなり具体的に「因子Aが因子Bにこれこれこのような影響を与えている」という仮説と、実際のデータを突き合わせてその当否を調べるわけです。それに対して探索的分析の場合には、もうちょっとふんわりと「これらの因子群の中に重要なものがいくつか隠れていると思われる」くらいの仮説から出発して、より具体的な仮説に進むための叩き台とするわけです。

質的調査の探索的性格——調査対象とのコミュニケーション

いわゆる質的調査における、少数事例の定性的分析は、狭義の（回帰分析ではない）多変量解析を用いた探索的分析の場合に似ています。すなわち、それほどソリッドに定式化されているわけではない、ふんわりとした「このあたりが重要そうだ」という程度のゆるい仮説から出発して、むしろ予断を極力しない方向で、少数の事例について、できるだけ多面的に、何度も角度を変え、視点を変え、たくさんの調査項目について調べ上げていく、というやり方をとるわけです。資料を何度も読み返していけば、最初は思いつきもしなかった新たな問題に気づいて、新しい調査項目を追加して分析をやり直すことも、量的調査の場合に比べれば格段に容易です。

そして、歴史研究ではない、インタビューや参与観察を通じて、直接に調査対象となる人々とコミュニケーションをとりながら行う、いわゆる質的社会調査の場合には、この「新しい調査項目を追加しての分析のやり直し」において、調査対象が積極的な貢献をしてくれるチャンスがあるわけです。つまり、調査対象の方から、「このポイントが大事ではないか？」といった具合に、調査項目を提案してくれることがありうるわけです。

それにしても、これはいったいどういうことでしょうか？

うんと乱暴に言えば、自然科学、物理科学と生物科学の場合には、研究者と研究対象との間にコミュニケーションは成り立っていませんから、上に書いたようなフィードバックは基本的にありません。ですから、実証研究にさいしての調査項目の選択は、あくまでも研究者の側が一方的に行います。そのさいの基準となる理論の構築も、もっぱら研究者の仕事です。理論仮説を検証すべく行われる実証的調査研究、その成果のフィードバックによる理論の修正、さらにそれに基づいての新たな仮説の構築、それを検証するための……という循環は、あくまでも研究者（集団）の中で行われます。生物、中でも高度な認知機能を持った動物の場合にはある種のコミュニケーションが人間たる研究者との間に成り立つこともありますが、それでも調査対象たる動物が理論仮説を構築し、人間に教示してくれるわけではありません。ところが人文社会科学、歴史学でも現代史のオーラルヒストリーや、心理学、社会学、経済学、政治学などでは、極端な場合にはこのようなことが――すなわち、研究対象が自ら調査項目を提案し、理論仮説を提示し、つまりは共同研究者となってくれる（その場合調査研究が半ば自己省察ともなる）ことが――ありうるのです。

それでも社会科学の中でもとりわけ経済学、そして政治学においても近年の「政治科学（Political Science）」を名乗る潮流においては、理論構築とそれに基づく調査項目の選定についてのフリーハンドを、研究者の側に確保しておきたい、という発想がどちらかというと強いのですが、社会学の場合には、調査対象とのコミュニケーションの中で調査項目を選定し、それどころか理論構築さえも行っていこう――つまりは、調査対象当事者たちの自己理解、調査対象が自分たちとその置かれた状況について持っている認識枠組みを踏まえて、事実上共同で理論を構築していこう、という志向が見られます。この立場を臆面もないまでにはっきり打ち出したのが、はじめに紹介した筒井・前田［二〇一七］です。

3

「社会変動の一般理論」から「質的社会調査」へ

「素朴な社会学」「野生の社会学」
――「調査項目を選ぶ」ということ

筒井・前田［二〇一七］のストラテジー

この筒井・前田の教科書の面白いところは、一見したところ「理論」のパートがなく、ひたすら社会調査の話ばかりしているところです。そして社会調査の解説は、大量のデータの統計解析から知見を引き出すいわゆる「量的調査」のセクションと、少数の事例を、調査対象とのコミュニケーションを通じて丹念に調べるいわゆる「質的調査」のセクションとに分かれています。そこで描かれる「量的調査」は、自然科学を含めた通常の科学における実証的研究法と本質的に変わるものではないように見えます。すなわち、いかなる対象の、どのような特性について調べるか、というふうに調査項目を明示的に定義したうえで、それらの項目について、きちんとした尺度に従って測定する、というやり方です。それに対して彼らの言う「質的調査」――エスノメソドロジー、会話分析と呼ばれるアプローチがもっぱら取り上げられていますが――の目的のひとつは、そうした「量的調査」において列挙されるべき当の調査項目を決定すること、です。このような筒井・前田［二〇一七］のストラテジーを、ここまでの本書の論脈に沿って言い換えるならば「普通の科学において理論が果たしている役目を、社会学においては調査対象当事者とのコミュニケーションを踏まえた『質的調査』『事例研究』が担うのである」ということになります。これをどう解釈すればよいでしょうか？　自然な解釈は「『質的調査』を通じて調査対象、社会を生きる当事者の『野生の社会学』『素朴な社会学』を採取し、それをもって『量的調査』の導きとする」ということになるのでしょうか？　しかしそれだけでは、これまでにも検討してきたとおり、科学とは言えないでしょう。

社会学の特異性——「当事者」への注目

繰り返しになりますが、自然科学や社会学以外の社会科学においては、調査項目の選定、さらにはそれを含めた理論構築という作業は、基本的には研究者の仕事でした。むろん研究者の使う科学的な言語も、もとはと言えば普通の人々が使う自然な日常言語から分かれてきたものであり、「生命」とか「動物」とか「液体」とか「星」とか、あるいは「市場」とか「国」とかいった語彙も、もともとは日常語です。しかし科学の用語としてのそれらは日常語から区別された別の意味を持ち、そのような厳密に科学的な意味は科学的な理論——対象の構造と運動をシミュレートするモデル——によって与えられています。それに対して社会学の場合には、調査対象の項目とすべき対象やその性質の定義は、社会学者が理論的な考察をもとに与えるべきものというよりも、社会を生きる当事者の言葉遣いと概念系に則して決められるべきだとされています。少なくとも筒井・前田［二〇一七］ではそのような立場が提示されています。

たとえば「中小企業」というカテゴリーについて考えてみましょう。たんにその規模が小さいというだけではなく、大企業、あるいは企業一般とは質的に異なる独特のクラスとして「中小企業」なるカテゴリーを括りだせるかどうかは、実は必ずしも自明ではありません。経済学者の中には、この意味で、企業一般から区別された特別なカテゴリーとしての「中小企業」なるものの存在を認めず、それを基本的に思い込みに基づく錯覚とみなす人もいます。むろんそうした見解は、それ自体で注意を払うに値します。しかしながら社会学者であれば、躊躇なく「中小企業」を分析対象としまず。なぜなら「中小企業」とは、仮にそれが経済学者が指摘するように錯覚、幻想だとしても、（錯覚に陥った？）研究者や政策担当者の間のみならず、広く社会全体に共有されていて、自分たちを「中小企業経営者」「中小企業従業員」と思いなして、その「幻想」を当事者として現に生きている人々がいるからです。あえて言えば、社会学をほかの社会諸科学から分かつ最大のポイントは、こうした「幻想」を真面目に対象とするところにこそあります。「幻想」の内容それ自体は現実ではないとしても、人々がそうした「幻想」を抱いているということ自体は現実であり、さらにはたとえば、「中小企業」という「幻想」に導かれて人々が「中小企業政策」を現実に行ってしまうように、そうした「幻想」は「幻想」のレベルで完結せず、往々にして現実に介入します。そうすると「中小企業」は現実のものになってしまうわけです――おそらくはそれは、人々の「中小企業とはこのようなものだ」という幻想をそのまま実現したものではなく、相変わらず、というより新たなずれが、現実と幻想との間に生じ続けるのでしょうが。

確認しますと、経済学者は多くの場合、経営者や従業員などビジネス現場の当事者とは独立に、経済学の枠組みに則って自らの責任で「中小企業」を定義し（あるいはそんな特別なカテゴリーの存在など認めずたんに「企業」のみを問題とし）、その枠組みから見えてくる「中小企業」（ないしたんなる「企業」）を、客観的観察を中心としたやり方で調査し、その結果を経済学の理論枠組みとすり合わせる。なおかつ、そのような調査を、調査項目をきちんとそろえたうえで、可能な限り大量に行うことを目指します。それに対して社会学者（この場合は経営学者も）であれば、経済学者が行っているような調査に加えて、当事者のインタビューを綿密に行い、当事者の目からは彼ら自身と周囲の状況がどのように見えているか、彼らはそれをどのように概念化し、理論化して理解しているか、を調べるでしょう。――このようなかたちの社会学理解、ほかの社会科学と対比したときの社会学の特徴づけを、筒井・前田［二〇一七］は暗黙の裡に提示しています（以上の記述は稲葉［二〇一八］と重複しています）。

なぜ「素朴な社会学」を重視するのか

あらためて、このような社会学観、このような社会学教育の、ひいては社会学研究のストラテジーが何を意味するのか、考えてみましょう。

ここでは、社会学者は、独自の理論構成への努力を放棄し、当事者の「素朴な社会学」（だの「素朴な経済学」だの「素朴な政治学」だの「素朴な心理学」だの……）に屈するべきだ、と主張されているわけではないでしょう。そうではなく、こういうことです。経済学者ならば当事者の「素朴な経済学」にはそれほど関心を払わない――当事者がどう思っていようと、実際に当事者がどのような経済活動を行うかが大事であり、それを測定するための枠組みは経済学理論が用意している――のに対して、社会学においては、当事者の現実の状態や行動のみならず、その意識、自覚それ自体もまた、研究対象なのだ、ということです。

ここでさらに「なぜ社会学はそのような問題関心に導かれているのか？」を問うことに、はたして意味はあるのでしょうか？「もともと社会学とはそういう学問で、そういうことに興味がある人間がやっていることだから」としか言いようがないのだとしたら、話はそこで終わってしまいます。実際、そのような個人的、実存的なコミットメントによって、社会学という分野を選ぶ人も、少なくはないでしょう。しかしもちろん、個人的な選択の問題としてではなく、社会的に確立した科学としての社会学について考えるのであれば、ここで話を打ち切って居直るべきではありません。稲葉［二〇〇九］で見てきたとおり、一九世紀から二〇世紀への転換期において、社会学という新興科学が確立したことには相応の理由があります。その理由と、当事者の「素朴な社会学」の重視との関係について考えねばなりません。

社会変動の理論への憧憬

社会変動の理論

非常に単純に言えば、社会学が当事者の主観に定位しようとするのは、そこに社会変動の根本的な原因を見出すからです。そして社会学が社会変動の解明に執着するのはなぜかと言えば、それこそが社会学の眼目だからです。

社会変動の理論というものが、社会学の独占物だというわけでは、実はまったくありません。スミスやマルクスの経済学的な仕事においても、当然ながら歴史の理論、社会経済体制の変動についての理論を我々は見て取ることができます。ただしスミスの『国富論』に見られる、狩猟採集社会→牧畜社会→農耕社会→商業社会、という発展段階論にせよ、ヘーゲルの法哲学・歴史哲学にせよ、その両者を承けたマルクスの史的唯物論、階級闘争史観にしても、あるいはルソーやコンドルセの歴史理論にせよ、非常に簡単に言えば、「変動をつかさどる、より根底に横たわる同一不変の原理」とでも言うべきものが想定されています。ヘーゲルやコンドルセの場合には人間精神の発展のメカニズムであり、スミスやマルクスの場合には生産力の発展です。より現代的な経済学や政治学における、合理的選択理論、ゲーム理論などの枠組みを用いて、制度や組織、社会関係の転換をモデル化しようという試みにおいても、当然ながら「合理的主体」という人間モデルの同一性は前提とされています。つまりそれらにおいては、ある不変のものを尺度として変化を定義し、測定する、という実証ストラテジー、そしてある不変の要素の多様な組み合わせとして変化をモデル化する、という理論ストラテジーが暗黙裡に前提されているわけです。

それに対して社会学が目指した社会変動理論というものは、もう少し厄介です。まず社会学においてもほかの社会科学同様、因果関係の解明がその主たる関心だとしましょう。先に見たように、経済学やマルクス主義における社会変動の理論においては、同一不変のものとして想定されている人間主体の性質とか、あるいは生産力の発展のメカニズムといったものが「原因」のオーダーに置かれて、そこから社会経済体制の変化という「結果」が導き出される、というふうになっています。それに対して社会学の場合には、人間の性質、価値観や行動パターン自体が一定不変ではなく、周囲の社会的環境によって構築されたものである、と考えます。より正確に言えば、そうした側面に関心を集中します。つまり、経済体制を含めた社会的環境の方が「原因」のオーダーに置かれ、その中に生まれ落ちて生きていく人間の性質の方が、「結果」として理解されます。稲葉［二〇〇九］でも触れました、社会学の歴史を勉強するとしばしば出てくる「方法論的個人主義」と「方法論的全体主義」との対立は、本書の文脈においてはこのように位置づけられます。すなわち個人の性質・行動を「原因」の側に置くのか、あるいは個人を取り巻く社会的環境の方を「原因」の側に置くのか、という。

しかし実は社会学の大望はそこにとどまりません。そもそもそこで終わってしまっては、「社会変動の理論」になるはずはありません。社会学における変動理論はそこからさらに進んで、社会的にその性質を形作られた人間の行動が、さらに社会的環境を変えてしまい、それがさらにその中での人間の性質に——というフィードバックの循環構造を見出します。というより、そのメカニズムのモデル化こそが、かつて「社会システム」といったキーワードとともに構想されていた、社会変動の理論の中心的な目標でした。

人間――社会を認識し社会を変えうる存在

もちろん、たとえばある環境に進化的に適応した生物の行動が、長期的には周囲の環境を変え、均衡状態を崩して、適応していたはずの生物が絶滅したり、あるいはさらなる突然変異による新たな適応へといたったり、といった循環であれば、進化生物学においても考えられますから、このような変動のメカニズム自体は社会学どころか、社会科学の独占物とも言えません。社会学が問題とする、このフィードバックメカニズムにおけるキーポイントは、なんと言っても人間の認知能力、人間による社会環境の認識です。つまり政策的介入や社会運動が典型ですが、市場均衡や交通渋滞やあるいは地球温暖化のように「見えざる手」によって知らぬ間に起きるのではなく、人間による社会認識を踏まえたうえで、意図的に起こされる変動の可能性がそこでは問題とされています。もちろん経済学などでも、このような政策的介入による変動の分析はされていますが、そこでは政策主体はあくまでも介入される社会経済の外側に位置するものとされ、社会からのフィードバックを受けません。社会学が構想する変動理論においては、政策当局や運動主体もまた、介入対象たる社会と同じ地平に引きずり降ろされるものとして想定されています。そしてもちろん逆に、社会を生きる普通の人々も、少なくとも想像の中で社会の外に出てそれを外側から観察し、可能であればその基本構造に手を出そうとする、潜在的な政策・運動主体として捉えられています。

普通の人々が、社会をどのように体験し、その構造をどのようなものとして認識するか、だけではありません。社会学を含めた社会科学というものを生んだ近代社会は、ニクラス・ルーマンの言葉遣いをまねるならば「自己観察」を常に遂行している（たとえば Luhmann［1992=2003］）わけですが、そうした観察を踏まえて行動する人々が、何を引き起こすか、です。大部分の人は、多くの場合、ただそうした状況を確認し、受容して適応するだけかもしれません。自覚的な認識が直ちに行動を変えるとは限りません。しかし伝統的な社会科学の想定においても、少なくとも政治権力にアクセスでき、政策を構想し、提言できる人にとっては、自分の周囲の社会的環境、さらには社会科学的認識を通じて得られた、その背後に想定されるメカニズムの認識を通じて、社会的環境、場合によっては深層構造に干渉し、多少ともそれらを作り替えるチャンスが見えてくるはずです。そして社会学とは、このような認識、つまり社会的環境、さらにはより基本的な社会構造が、それとして認識されるだけではなく、それが変化しうるものである、という認識が、権力エリートに限定されず、広く大衆的に普及する社会、そして現にその認識を活かして、国家のみならず企業や社会運動体などが意図的に社会を変えようとすることもあるような社会、を想定しているのです。このような社会状況は、アンソニー・ギデンズの言葉遣いを借りるならば「再帰的近代」と呼べましょう（Beck, Giddens and Lash［1994=1997］、筒井［二〇〇六］）。

非常に乱暴に言えば、経済学などの伝統的な社会科学においては、人間の意識は無視しても構わない（無視すべきというわけではない）、ということです。「人間の意識なんてものはない」というわけではありません。人間の行動と、その連関としての社会的なものの理解にさいして、意識を参照する必要がない、それを人間社会の因果連関を理解するうえで、変数として、とりわけ何らかの意味での「原因」としてのはたらきを果たすものとして数え入れる必要がない、ということです。しかし社会学においては、「意識」もまた立派に「原因」としての力を持ちうる、と想定されているわけです。

社会変動の一般理論は可能か？

構造変動を測定するには

このような「意識」や意図的な社会変革の可能性をも含みこんだ社会変動の研究にさいして、どのような調査が必要で、また可能でしょうか？　本格的な歴史研究については、とりあえず措いておき、現在進行形での変動の研究について考えてみましょう。

第一に重要なことは、このような変化の測定にさいしては、量的調査は役に立たない――とは言いませんが、できることは限定されています。つまり、ここで言うような意味での「社会変動」とは、「構造変動」と呼ばれるようなものです。量的調査をある程度の期間継続して、時系列データをとり、それを通じて社会変動の測定に役立てることはもちろんできますが、それで可能となるのはあらかじめ選択された項目、あらかじめ注目されていた要因のみの測定です。たとえば人口統計とか、既存の産業構造や技術体系を前提としたうえでの経済統計などを通じて、経済成長や生活水準、生産性の変化、産業構造の変容などを想定することには十分に使えます。しかしながら、これまで知られていなかった、あるいは問題にされていなかった要因を新たに数え入れなければ、もはや対象とする社会なり人々なりのありようを理解することができなくなる、というような変化がここで言う「構造変動」です。「意識」がかかわらない「構造変動」もありえますが、「意識」がかかわるものは多くの場合このカテゴリーに入ります。

ここで「社会構造」とは、それを社会学の側でモデル化するならば、調査項目、調査によって調べ上げねばならない要因と、それらの間の相互連関のメカニズム、というかたちになります。社会学が問題としたい社会変動とは、特定の要因の変化以上に、対象の理解のために考慮に入れなければいけない要因、対象となる因果連関の中に数え入れなければならないものごとの数自体が増えたり減ったり、あるいは中味が入れ替わったりすること、だと言えます。

非常に狭く限定して、それこそ社会学というより経済学の領分ですが、技術革新、とりわけプロダクト・イノベーションの問題はそのような性質を持ちます（以降のプロダクト・イノベーションの経済理論モデルについての議論は松山［一九九四］を参考にしています）。すでにある製品を生産するさいの効率、生産性が上がったり下がったり、というのではなく、それまでは存在しなかった新たな製品が経済社会の中に出現したならば？　それが中間財であれば、企業の生産現場の構造を変えますし、最終消費財であるならば、消費者の生活の構造をも変えてしまいます。しかしそのような変化をきちんと測定するためには、つまりその変化の前後において一貫した記述を行いつつ、その中に変化を位置づけるには、工夫がいります。単純素朴な経済モデルにおいては、経済の中で生産され消費される商品の種類は「項目」として固定されているわけですが、商品の種類自体が変わってしまえば、以前のモデルを捨てて、革新以後と以前の二つのモデルの違いとして、この技術革新を表現するか、あるいは、商品の種類自体を決める、何か別の要因を想定して、その要因自体は技術革新の前後を通じて一貫してモデル内に存在する、というふうにするか、くらいしかありません。もちろん前者は、ひとつの理論枠組みの中でのこの変化の説明自体をあきらめることですし、後者は問題の先送りでしかありません。「それではそこで想定された変動を支配する、より深層のメカニズムとは何か？」をさらに探究せねばならず、そこに終わりはないでしょうから。社会学においてはもっと複雑になるだろうことは言うまでもありませんが、基本的な構図は同じでしょう。端的に言えば不毛なプロジェクトです。

そして第二に考えておかねばならないことは、このような質的、構造的であるのみならず、そこに変化をもたらす人間の意識が不可欠な契機として作用しているような変動の研究にさいしては、当然のことながら調査対象（「調査項目」とまではまだ言い切りません）の中に、社会を生きる当事者の意識、社会認識を入れなければならないわけですが、そもそも「意識」というものはその定義上、直接の観察ができない、ということです。我々に観察できるのは意識の外的な（広い意味での）表現のみです。

質的調査の戦略的強み

そのように考えたとき、質的調査、とりわけ対面的、コミュニカティヴなインタビューや参与観察の手法は、どのような意味を持つでしょうか？　長期にわたる参与観察において、調査研究者自らが変化を体感する場合については措いておきましょう。

この場合は研究者が同時に当事者となるケースです。長い付き合いのあるインタビューイーとの付き合いの中から見えてくる変化も置くとしましょう。単独の調査を問題とするのではなく、たくさんの量的、質的な調査が行われていく中で、それらの調査の間の関係性の中から、社会変動を浮かび上がらせる方法について考えてみましょう。

ひとつの対象、たとえば特定のコミュニティやコーホートの長期追跡によって、量的な手法で社会変動を測定することはもちろん可能ですが、ここでもあらかじめ設定しておいた調査項目の中での、その変化以上のものを、少なくとも一貫した理論モデルの中に落とし込んで理解することはできません。長期にわたって調査を続ける中で、途中で「いかんこれも重要だ」と気づいてあとから調査項目を追加したとしても、その追加の前と後とでの変化は「ただ事実として起こったこと」として以上の記述を与えること、より深い説明を与えることは難しいでしょう。つまりは、たとえ長期に及ぶ追跡調査を行ったとしても、そこで「構造変動」を測定すること、さらにはそれに理解や説明を与えることは、その調査だけでは難しいでしょう。

「質的」なインタビュー、参与観察を通じて当事者の声を拾い上げること、当事者自身の状況認識、理解を聞くことが、それ自体としてすぐに社会変動の理解の役に立つ、というわけではありません。それでも、そうした質的調査を同じ対象に対して継続的に行えば、人々が自分たちの置かれた状況を理解するために注目しているものごと、重要だと思っている要因の変化自体は、捉えられる可能性があります。さらに、そこでの発見を量的調査に応用することはありうるでしょう。すなわち、新しく行われる量的調査計画に対して、新たな調査項目の追加、それに伴う新たに検証すべき仮説、を提案するのです。このように、複数の調査を互いに関連づけ、ネットワーク化していくさいに、対面的、コミュニカティヴな「質的」事例研究は、戦略的な役割を果たすことができるでしょう。

また、慎重に留保はつけなければならないでしょうが、対面的なインタビューや参与観察は、当事者の「意識」に迫る調査としては、少なくともセカンド・ベストではあるでしょう。もちろん対等なコミュニケーションは対象への干渉でもあり、その意味でノイズをもたらすものではありますが、そこから得られる証言はそれでも「意識」からの最短距離にある外的表現でしょうから。

「社会変動の一般理論」から「質的社会調査」へ
「ミシンと蝙蝠傘」ではない！

理論なき計測?

筒井・前田［二〇一七］を深読みすると、このようなかたちで「量的調査」と「質的調査」を組み合わせて、近代社会の多様性とその変動を追跡していくためのストラテジーが浮上してきます。「理論が調査を導く概念を作る」から『質的調査』が『量的調査』を導く概念を作る」へのリサーチ・ストラテジー上の戦線移動と言ってもよいでしょう。あるいはルーマンやギデンズ、あるいはタルコット・パーソンズやユルゲン・ハーバーマスなどを含めた伝統的な社会理論家が自覚的に作る「理論」と、質的調査を通じて見出される、普通の人々がしばしば無自覚に紡ぐ「素朴社会学」とは、その具体的な精密さや切れ味におけるいわば「程度の差」こそあれ、権利のうえでは対等であり、本質的には変わるものではない、というわけです。さて、一見すると没理論的なこのストラテジーははたして、普通の実証主義を超えた超実証主義、「理論なき計測」の提唱なのでしょうか？　そうではありません。

一応ここで「普通の実証主義」を定義しておきます（以下「実証主義」についてはHacking［1983=2015］などを参照）と、普通の意味での実証主義的な科学方法論においては、理論に関する反実在論、懐疑的立場をとります。普通の素朴な――と言いますとややネガティヴなニュアンスを帯びますので、素直な、率直な、と言った方がいいかもしれませんが――実在論的な理論観においては、正しい科学理論は、現実世界の中に存在する客観的な法則性を、適切に描き出している、つまり理論が描く客観的法則は実在する、と考えます。これに対して普通の、というより厳密な意味での実証主義の科学観においては、そのような率直な理論の実現可能性に対して懐疑的です。理論が描こうとする客観的法則性はカント的な言い回しをすると「物自体」であって、決して人間には認識することができません。人間に認識できるのはせいぜい個別具体的な現象や個物であり、それらの運動を支配する法則性はあくまで人間が想像し想定するものでしかない、極端な実証主義者はこう考えます。そこでは理論の優劣の根拠はひとえに予測可能性の善し悪しにあり、現実の内在的な理解の善し悪しにはありません。普通の意味での実証主義とは「理論なき実証」を提唱するものでは決してありませんが、理論の力に対するある種の懐疑論、悲観主義を含意しています。

筒井・前田［二〇一七］のトーンはこのような懐疑論、悲観主義からはどちらかというと遠いところにあります。まず、この立場はすでに示唆したとおり、日常語としての「中小企業」を含めた当事者の「野生の社会学」「素朴社会学」を真摯に受け止め、それを尊重するわけですが、こうした「野生の社会学」「素朴社会学」は素朴ではあれ一連の概念からなるシステムなのであり、決して「理論なき実証」、たんなる現実の観察などではなく、現実を構造化して認識する概念系――理論を含んでいます。そして調査が研究者と当事者の双方向的なコミュニケーションとして行われるということは、研究者がもっぱら自分の問題関心にのみ即して得手勝手な理論構築をすることを許さない、ということも意味します。すなわちそれは、先に見たような意味での

「実証主義」、理論についての反実在論と道具主義に対して、批判的に対峙する、ということをも意味します。この立場ははっきりと理論についての積極的な楽観主義、実在論を志向しています。世界の客観的な構造を、程度の差はあれおおむね正しく捉える理論というものは、それこそ社会科学においてもありうる、という楽観論です。それが異常な、ともすれば実在論とは正反対の相対主義に見えるとしたら、そこでの「おおむね正しい理論」の中に多くの「素朴な社会学」もまた含まれてしまうことになるからでしょう。

「社会変動の一般理論」の放棄

そう、そこでは実は理論は放棄されてはいないのです。放棄されているとしたら先の循環を完璧にモデル化する「社会変動の一般理論」とでもいうべき構想です。しかしながら先の循環、それを含めた社会変動のあらゆる可能性を統一的に説明しようとする理論を作ろうというのであれば、何をしなければならないでしょうか？　具体的には対象のメカニズムを表すモデルの中に組み込む要因（言うまでもなくこれは量的調査における調査項目に対応します）、変数の種類と数自体を決定する別の変数、「根本原因」とでも呼ぶべき変数を想定しなければなりません。理論を完結させるためには当然、この「根本原因」それ自体のさらに原因となる要因を持ち出すわけにはいきません。

「根本原因」は「外生変数」として「なぜだかわからないけど変化するもの」と想定するしかありません。問題は、この「根本原因」にあたるものが都合よく見つかってくれる保証がない、ということです。もちろん、仮説的に「見えざる隠れた真の原因」としてこのようなものを想定するやり方は、実証科学として健全とはとうてい言えません。

先にあげた経済学におけるプロダクト・イノベーション、製品多様化のモデルにおいては、消費者側においては、ひとつひとつの消費財から得られる効用以外に、消費財の種類が増えること自体がもたらす効用を設定し、さらに生産者側にも、中間財が増えることによる生産性の上昇を想定しますが、これは「プロダクト・イノベーションが起きる経済はどのような経路をたどるか」を理解する役には立っても、「プロダクト・イノベーションはなぜ、いかにして起きるか」のモデルにはあまりなっていないことに注意しましょう。

消費者の側の需要、欲望が商品、最終消費財の多様化の原因のひとつであることはわかります。しかし実際にそうしたニーズに応える生産者の側は、「はいそうですか」と素直にそれに応えて新製品を開発するわけではありません。目先の変わった新製品を求める消費者は、自分が何を欲しいのか、具体的なイメージを持っているわけでは普通ありません。新製品の開発においては、往々にして、生産者の側が漠とした消費者の欲望をむしろリードしなければならないものです。新製品が求められることがわかっていても、具体的にどのような新製品が売れるのか、またそもそもそれをどうやって思いつけばいいのか、への答えは、消費者の側にはありません。同様のことはもちろん、中間財、新しい生産技術の場合にも当てはまります。会社の上層部や親会社は、製造現場や開発部、あるいは下請企業に対してつねに生産性向上や原価低減、あるいは新しいアイディアを求めていますが、求められたからといって自動的に出てくるわけではありません。

学問的分業の観点からすると、こうしたイノベーションそのものの研究、イノベーションが経済全体に及ぼす効果とか、イノベーションが起きやすい環境についての研究ではなく、イノベーションの現場、イノベーションという出来事そのものの研究は、経済学ではなく経営学の主題であり、基本的には質的事例分析――歴史研究や実態調査というかたちをとります。その意味で実は経営学という学問と、社会学とは非常に近い関係にあるのです。イノベーションもまた一種の――多くの場合はローカルな、しかし場合によっては大きなインパクトをもたらす――社会変動にほかなりませんから。

他者の合理性の理解――岸政彦の議論

さて、「社会変動の一般理論」への希望が放棄されたとして、それでは放棄されていないのはなんでしょうか？　それぞれの質的調査における、調査対象者＝当事者の社会認識、「素朴な社会学」であり、それを研究者が合理的に再構成するさいの解釈の方法論です。再構成された「素朴な社会学」はいずれも、暫定的かつ局所的な、ドナルド・デイヴィドソンの言い方を借りれば「当座理論」だと言えましょう（デイヴィドソンの行為理論については後述）。もちろんそれらはバラバラではなく、たくさんの「当座理論」を比較可能とし、関係づけるメタ理論とでも言うべきものとして、研究者の解釈戦略が機能します。しかしながらそれは、すべての当座理論を統一し、社会変動を説明する「一般理論」ではなく、あくまでも一種のメタ理論、対象の直接的なモデルというより、理論と理論をつなぎ合わせる理屈、にとどまります。

ではそれは、具体的にはどのようなものでしょうか？　ここで我々は筒井・前田［二〇一七］から離れて、その少し前に刊行された、「質的調査」一本に絞った教科書（岸・石岡・丸山［二〇一六］）、並びに論文集（岸［二〇一八］）における、岸政彦の議論を参照してみましょう。

この教科書の導入部で岸はいわゆる「量的調査」についての解説に神経質なほどこだわり、それとの対比と関連づけのうえで対面的・コミュニカティヴな「質的調査」の意義を浮かび上がらせようとします。筒井・前田［二〇一七］に比べてもなお禁欲的であからさまに「『質的調査』が『量的調査』を導く概念を作る」などとは言わないのですが、量的調査がただたんに数を数える、計量するにとどまらず、数えるべき要因、調査項目の切り出しにおいて非常にデリケートな、こう言ってよければ「質的」な作業をせざるを得ないことを強調したうえで、本題の質的調査の議論に入っていきます。では対面的・コミュニカティヴな「質的調査」の眼目とは何でしょうか？岸によればそれは「他者の合理性を理解すること」です。

ここで言う「他者の合理性の理解」とは何でしょうか？　大雑把に言えば、調査対象者が自分の生きる世界、自分とその周囲の状況について、どのような認識を持っているか、その認識に立脚して、何を大切に思い、何を目指して生きているか、そのために具体的に何をしようとしているのか──といったことを、調査対象者とのコミュニケーションを通じて、必ずしも対象者自身も十分には自覚していないレベルまで踏み込んで、再構成していくことです。そう言ってしまうと、以下のような疑問を持つ人もいるのではないでしょうか。すなわち「そのようなスタンスをとると、合理的ではない他者の理解は、拒絶することになってしまうのではないか？　それではあまりにも料簡が狭いのではないか？」と。さらには以下のような疑問を持つ人も出てくるかと思います。すなわち「対象となる人々の性質として『合理性』を想定するというやり方は、まさしく『方法論的個人主義』の権化たる経済学、ゲーム理論のやり方ではないのか？　それでは『方法論的全体主義』に立つ社会学の面目が立たないのではないか？」と。

それでは、以下少し回り道をして、次章では経済学的な「合理的主体性（rational agency）」概念の含意について見ていきましょう。

4

媒介項としての「合理的主体性」

「合理的主体性」とは何か？

まず確認しておくべきは、実は経済学、そしてゲーム理論の「合理的経済人」モデルは、複雑な現実の単純化という以上に、ある意味規範的な、それ以上さかのぼれない議論の出発点としての「公理」としての意味合いを持っている、ということです。

まず単純に考えて、経済学は実証科学であるだけではなく政策的処方箋を導く規範的な科学でもあり、「現実はこうだ」というだけではなく、主に効率という観点から「こうするべきだ」「こうあるべきだ」という議論も行います。そのさいに「合理的経済人」モデルは有用です。「合理的経済人」モデルで描かれるような人々を満足させる政策や制度を設計しよう、という方針をそこから導きやすいからです。しかしそれだけではありません。実証科学的な分析においても、実は規範的な判断というものは――社会科学においてだけではなく、自然科学においても――必要です。一番大雑把なレベルで、複雑な現実を前にして「いったい何がどうなっているのかよくはわからないが、理屈が通る説明ができるはずだ」という規範的判断が手放されてしまえば、科学的研究なんかできません。そして具体的な研究のレベルでも、あちこちで「具体的には何がどうなっているかわからないが、既存の我々の知識と矛盾することが起きているとは思えない、だとすればどう考えると理屈に合うだろうか？」といったふうに問いが立てられ「いずれきちんと確認しなければならないが、理屈のうえではこうなっているはずだ！」といった規範的な判断がなされます。

平たく言うならば「合理的経済人」のモデルは、現実の人間の経験的な観察を踏まえての、そのありようの単純化・抽象にのっとっているのみならず、「そもそもほどほどに合理的——自己の利益に配慮して行動する——でなければ生存できないはずだ」という、超越論的＝先験的（経験に先立つ）な想定にも立脚しているのです。つまりそれは経験的な「仮説」であると同時に、経験的研究を導く、超越論的＝先験的な「公理」でもあるのです。

大きく言うならば、実は近代の科学全般が、このような超越論的な「公理」に立脚しているとさえ言えます。たとえば物理学、力学の歴史は素人目には、ティコ＝ブラーエの克明な観察に基づき、それを帰納的に一般化・抽象化してケプラーが一連の法則を定式化し、さらにそれをニュートンが数理的にまとめた、というふうに見えてしまいますが、実はそんなふうに単純にまとめることはできません。

稲葉［二〇〇九］では非常に大雑把に「科学的アプローチ」と「工学的アプローチ」を対比しました。社会学、社会科学を含めて、近代科学技術の中心主題が「ダイナミックな秩序を理解し利用する」ということだとしましょう。「理解」を主題とする「科学的アプローチ」においては、関心の対象たる物事がダイナミックに絶えず変容していたとしても、でたらめで予測不能な混沌に陥っていないことから、そこにまだ知られてはいないけれど、一定の秩序や法則性がちゃんと存在していると予想され、その未知なる法則性の理解が目標とされます。それに対して「利用」を主題とする「工学的アプローチ」の場合にはどうでしょうか？　工学的アプローチの場合には、すでに操るべき対象となるものの性質・運動法則は基本的に知られ理解されていて、その知識にもとづいて対象を操作する、という具合になっています。

公理的方法（1）——力学系

微分方程式モデル

少し詳しく説明すると、このような感じです。

現代科学においては、我々が目にするもののほとんどがダイナミックなシステムとして分析されます。つまり、時々刻々と動いていていながら、無秩序ではなく一定の秩序に従う現象として。言うまでもなく生命現象もそうですね。それだけではなく、実は

式 4-1

$$\frac{dx}{dt} = F(x)$$

我々の生活の中で普通に意識されている物理現象のほとんどもダイナミックな秩序であるというわけです。太陽系にしたって「ソーラーシステム」です。太陽の周りを地球その他諸々の惑星やその他いろんな天体が回っている。これもダイナミックな秩序には違いない。地球上における熱収支、大気や水の循環も、その中でのバイオスフィアにおける生命現象も、人間社会における秩序もそうです。すべてがダイナミックな秩序です。そしてスタティックな秩序ではなくダイナミックな秩序というものを理解し、分析するために用いられる最もスタンダードな数学的な道具立てが、いわゆる力学系、ダイナミカルシステム、時間を連続的に捉える場合には微分方程式系で、時間を一年おきとかいうふうに飛び飛びに、離散的に捉える場合には差分方程式系になります。

以下、連続時間のケースを例にとって説明します。微分方程式とはどういうものかというと、基本的には式 4-1 のようなかたちをしています。ただ「系」、つまり「システム」という場合には、このxは一般的には一つの数字ではなく、ベクトルであるわけです。「x」は、システムの状態を表すわけで「状態変数」と呼ばれます。「状態」というくらいですから、ある一時点における静的な状態のことです。しかし問題のシステムの状態がそのままずっと同じまま続くのではなく、時々刻々と変化する。その変化のプロセスをまずは記述するための道具として、微分方程式を使うわけです。

では「$\frac{dx}{dt}$」は何かというと、これは変化を表します。何の変化かというともちろん、この状態変数 x の時点 t における瞬間的な変化を表すわけです。状態があって、状態の変化というのは状態に依存していますよ、状態で決まりますよ、という考え方です。

たとえば「太陽の周りを、地球やその他の惑星が回っています」という場合、惑星の位置を「x」で表したときに、「$\frac{dx}{dt}$」は惑星の移動のしかた、速度ですね。この場合の「速度」とはたんなる速さではなく、速さとその向かっている方向という複数の要素からなるベクトルですけれども、この場合、ある時点における惑星の速度は、その時点での惑星の位置に依存しているわけです。つまり $\frac{dx}{dt}$ は一定の値に固定されているのではなく、時々刻々と変化しているけれども、その変化はでたらめではない。つまり、x によって決まっている。数学的に言えば、x の関数、つまり $F(x)$ だというわけです。

このように状態と、状態が変化していくそのありよう、変化の運動を結びつけて記述するための基本的な道具立てとして、微分方程式（系）というものがあります。ダイナミックな秩序を記述するための、一番基本的、汎用的な道具立てがこれです。この微分方程式がひとつだけあるのではなく、たくさんの式を連立させる複雑なシステムが普通に用いられます。物理学や経済学における「モデル」は、基本的にはこのようなものだと考えていただいていいでしょう。

問題は、この微分方程式の使い方にもいろいろある、ということです。

科学・工学——それぞれのアプローチ

微分方程式モデルの使い方はもちろん、使う人の問題意識に応じて、扱われる対象の性質に応じていろいろですけれども、ここでは非常に大雑把に、科学と工学、科学者とエンジニアとの間では、それぞれに典型的な微分方程式の使い方というものがあり、両者の間の違いは案外大きいのではないか、というお話をします。

まず、工学者、エンジニアの場合は、とりあえずシステムを構成するメカニズム、法則性というものはわかっていると考える。わかっている範囲で仕事をする方が安全です。そうすると、微分方程式で現象をモデル化するということはどういうことかというと、すでにわかっている法則に基づいて、これからの成り行きを予測する、あるいはそのように導いていく。そういうシステムを設計する。そのための設計図を数学的に描き出すときに微分方程式を使う。現在こう、ゼロ地点でこう、それから明日はこう、明後日はこうということをうまく記述し、予想してくれるように微分方程式を設定して、それで現在の速度からして、明日、明後日にどのへんにいるかと。こういうことを考える、描くための道具として微分方程式を使う。つまりそこでは、F(·)という関数の形はすでにわかっている、として問題を立てる。F(·)が決まっていて、その中にあるxを入れたら、どう運動をするかが決まり、運動の経過、全体としてそのシステムがどういう経路をたどっていくか、どんなふうに物事が変化していくかというのがわかる。

それに対して、典型的に科学者ふうの微分方程式の使い方というのはどういうものかというと、私はこんなふうに解釈しています。まず自然科学者にとっては目の前に現象がある。けれど、その目の前にある現象のメカニズム、法則は未知です。わからない。つまり関数型F(·)はとりあえずはわからない。わかっているのは状態xです。現在目の前にある、惑星の位置でもいいですし、いろんな生き物がいる、生き物の数でもいい。状態は観測できます。けれど、その生き物たちの相互依存、食べたり、食べられたりという関係がどういうメカニズムか、を表す関数型はわかりません。あるいはその惑星の位置はわかったとしても、惑星の重力はわからない。関数型はわからない。この未知の関数型をこそ、科学者は知りたいわけです。

式 4-2

$$F(x^*) = 0$$

では、推論はどのように進められるのでしょうか？

とりあえず生態系の例を念頭において考えてみましょう。この生態系では食ったり、食われたりのゴタゴタが延々と続いている、しかし全体としては安定している。おおむね生き物たちの種類とその数の比率は変わりません。ウサギがこれぐらいいて、オオカミがこれぐらいいて、というパターンが安定していて、何年か続いている。目の前にある現象はたとえばこういうものだとします。

太陽は東から昇って西に沈みます。毎日これが続きますと。毎日動いているけれども、同じことが日々繰り返されます。本当はそうじゃなくて、太陽の周りを地球が回っていて、さらにまた地球が自転しているわけですが。いずれにせよ、これもまた常に動いていますが、その動きのパターンは安定しており、一定しています。それを適当に表現すれば数式にできるわけです。

ここで微分方程式論の重要なキーワードとして「不動点」あるいは「平衡点」という概念を紹介しておきましょう。微分方程式における不動点とは、簡単に言えば式 4-2 のようなある特別な x の値、x^* のことですね。これは何を意味しているのか。これは瞬間における変化

式 4-3

$$F(\hat{x}) = 0$$

$\frac{dx}{dt}$がゼロ、ということです。つまり、たまたま、この「x^*」という状態にシステムが到達したならば、その後はそこから動かない、変化しなくなります。

つまりここで、システムの安定性をある種の不動点として解釈、表現してみよう、というわけです。システムのメカニズム、数学的にモデル化すれば$F(\cdot)$は未知でも、そのシステムのある時点における状態は観測できて、それは「$\hat{x}$」と表現できる、とします。そしてこの状態は、短期的にはゆらゆら変動することもあるけれども、長期的には安定している、つまり平均的に$\hat{x}$の値をとる、とする。そうするとこのシステムを表す関数$F(\cdot)$は、どうやら式4-3になるようなものだ、と推測することができます。もちろんこれでもまだ具体的な$F(\cdot)$のかたちはわからないわけですが、手がかりは増えました。そんなふうに、観察データをもとに推論を重ねながら、現実のシステムをうまく説明できる関数型を特定していこうとする。これが典型的にサイエンティスト的な微分方程式モデルの使い方だと思います。

乱暴にまとめれば、エンジニアリング、工学は、既知の法則を問題にする。未知の法則に関しては考えようがない。ただ、既知の法則はモデルを作るために積極的に使うということですね。ダイナミックに、より具体的な状況を組み立てていく。これがエンジニアのアプローチです。

それに対して、サイエンティストのアプローチの典型というのは、未知の法則を解明しようとする。そのさい、根底にある法則は未知なのだけれども、その法則によって実現されている表層的な現実は既知であるわけです。この観測された現実、プラス、そうした現実を生み出す法則性の安定性や普遍性を仮定して、それが具体的はどのようなかたちをしているのか、推測していく、と。

公理的方法（2）——最適化

「公理」的方法による理論構築

——しかし実際には、こんなふうに単純に割り切ることができないのです。「科学的アプローチ」による法則性の発見は、ただただ現実が観察されて、そこに規則性が発見される（このような現実の一般化による発見を「帰納」と言います）、というだけではありません。「おそらく世界はこのようにできているはずだ」という「公理」からの論理的な推論（これを「演繹」と言います）もまた、重要な役割を果たします。というより、この「公理的」方法があればこそ、近代科学における理論構築は大きな成果を上げたのです。「公理」ならびにすでにその確実性が強く信頼されているいくつかの基本法則からの演繹という方法は、「工学的アプローチ」のものだけではないのです。

具体的に言えば、最も汎用性が高いのが「最適化」という発想です。光学における「フェルマーの原理」、光は必ず最短経路を通る、という事実はよく知られていますが、これをいわば一般化した「最小作用の原理」は物理学全体を導く基本原理と言えます。「物体の運動は『作用積分』と呼ばれるある量を最小化するように行われる」というこの原理は、しかし経験的な法則というよりは「公理」というべきものです（たとえば須藤［二〇〇八］における「有無をも言わせぬランダウ流」についての説明を参照）。

「最小作用の原理」の生物学、とくに行動生態学、進化生物学における対応物が、乱暴に言えば「自然選択」、適応度――個体が残せる子孫の数、あるいはある遺伝子が残せる複製の総量――が高い生き物が環境に適応し、繁栄していくというロジックです。そしてそれが人間の行動科学――つまりは経済学や心理学――においては「効用最大化原理」となります。

物理法則のレベルにおいては、作用積分が最小となる経路以外はそもそも実現しないわけですが、生物学や人間行動科学のレベルでは「自然選択」によって、生物の場合には、子孫の数、自己の複製の総量を最大化できた遺伝子が残り、人間行動の場合には、効用を最大化できる行動パターンが、学習や模倣を通じて普及し定着する、というふうになりますので、厳格な「最適」な経路にのっとったもの以外はまったく存在しえない、というわけでは必ずしもありません。過渡的、短期的にはそうした「最適」から外れたものがたくさん出てきます。しかし「現実世界は最適経路からそう大きくは外れないであろう」という予想が、生物学や行動科学、社会科学においても、この「公理」的な方法による理論構築を有意義なものとしているわけです。先の単純な「科学的アプローチ」のイメージに沿うならば、複雑な現実を外側から観察して、そこに秩序を見通そうとする、という感じになりますが、近代の洗練された科学はそのように単純なものではなく、「公理」その他の基本的な法則の理解に基づいて程よく複雑な、しかし見通しが悪くならない程度には単純な――経済学者の言葉によれば tractable なモデルを作り上げて対象の振る舞いを再現することを試みるのです。

この「公理」的な方法の成功が、物理学を中心とする自然科学のみならず、社会科学における経済学の自信を支えています。「合理的経済人」のモデルが細かいところで現実離れしていること自体は、それほど重要な問題ではないのです。ただたんに観察した現実を一般化する（帰納する）だけでは法則性の発見はできません（この「帰納」の問題についてはあとで触れられればと思います）。経験的研究のレベルで、社会学や心理学の知見を受けて（実際には「行動経済学」などでは心理学・神経科学の知見の継承が主ですが）修正を容れたとしても、基本原理、「公理」としての「合理的経済人」の想定自体は揺るぎません。

「合理的である」とはどのようなことか

しかし以上のような話で終わるならば、それはまだ「『合理的経済人』『合理的主体』モデルは分析の入り口、あるいは複雑な現実の単純な近似としては便利だよね」という域を出ません。「分析をさらに洗練していくならば、現実にはそれほど合理的な存在ではない人間を、より正確に理解していくために別のアプローチが必要になるのではないか？」という疑問も浮上するでしょう。しかし岸は、そして我々ももう少し先まで考えています。

そもそも「合理性」とは――合理的であること、とはどのようなことであり、その否定としての「非合理的」「合理的ではない」とはどのようなことでしょうか？　素朴な「合理的経済人」のモデルに即するなら、「自分の利益を最大化するという目標のために、適切な選択を行う能力」といったところになりますが、「現実の人間はそこで描かれるほど合理的ではない」などと言われる場合、では具体的にはどのような振る舞いを示すのでしょうか？　この意味での「合理的」の正反対の、それこそあからさまに自己破壊的な行動でしょうか？　それではおかしいですね。まさに狙ったように、最も合理的な選択の正反対の、最も利益が少ない、どころか損害が大きい選択をわざわざとってしまうという能力は、少なくとも最善の合理性と同じくらい、おそらくはもっと複雑で洗練されてひねくれた何かではないでしょうか？　「非合理的」「合理的ではない」という形容が与えられる振る舞いとは、実際には「さほど合理的ではない」といった程度問題を形容する言葉遣いであり、合理性それ自体の否定では普通はないでしょう。最善の選択をつねにするという意味において最高の合理性を発揮することはないが、方向性としてはおおむね同じ方向を向いている、という程度の主体に対して「非合理的」「合理的ではない」なる形容が与えられるのがせいぜいでしょう。

――このように考えるならば、人間存在、社会学が理解しようとする「他者」とは、程度の差はあれ大体においてみんな合理的なのだから、「他者の合理性を理解する」というアプローチは基本的に有効である、で話は終わります。しかし岸も我々も、そこで話を止めることはできません。

以上のように答えたところで、まだ納得しない人がいるかもしれません。そこで提起される疑問は、すでに実証科学としての社会学の土俵を逸脱して、哲学的懐疑論の域に達しているといった方がいいのですが、一応確認しておきます。以下のような疑問です――

思慮が足りないとか視野が狭いとかいい加減でふらふらしているとか「充分に合理的ではない」というのではない、真に「非合理的な」、つまりまったくわけがわからない、非合理的な振る舞いとか、そういうわけのわからない振る舞いしかしない人、というのは、現実に存在するかどうかはともかく、そのような人が存在するということは可能か不可能かで言えばやはり可能だろう。そのような他者を理解するためにはどうしたらよいのか？　その場合「他者の合理性の理解」というスタンスは無力なのではないか？

筒井康隆の短編「最悪の接触《ワースト・コンタクト》」（筒井［一九七九］）が、このような他者との邂逅を描いたSFとして著名ですし、映画化された『ソラリス』（Lem［1961=2004］）をはじめとするスタニスワフ・レムの作品群もこのような理解不能な他者との邂逅を扱っている、とされていますね。このような疑問に対しては、どのように応えればよいのでしょうか？

ドナルド・デイヴィドソンの「統一理論」（1）
意味の全体論

（本節は稲葉［二〇一六］の「補論2」をもとにしています）

デイヴィドソンの構想

ここで示唆深いのが、二〇世紀末葉に活躍した哲学者ドナルド・デイヴィドソンが遺した「思考、意味、行為の統一理論」の構想（とくにDavidson［2004=2007］）です。デイヴィドソンの哲学体系は一見、行為論、その延長線上での「非法則的一元論」としての心の哲学（cf. Davidson［1980=1990］）と、アルフレッド・タルスキの真理論を基礎とした、真理条件意味論を主軸とした全体論的言語哲学（cf. Davidson［1984=1991］）の二側面からなるものとして我々の目に映ります。しかしこの両系列は一九八〇年代以降、デイヴィドソンが「統一理論」「合理性の科学」と呼ぶ、より大規模な構想の中に回収され、統合されるべきものであることがだんだんと明らかになってきます。

まずはデイヴィドソンの意味論、言語哲学についてきわめて大雑把に要約すると、以下のとおりです。

まず、言葉の意味を考えるさいの基本的な単位は個々の単語ではなく文であり、文の意味を考えるさいに基準となる（つまりすべてを尽くすわけではないが、典型的な）ケースとしては、文で表現されている命題が、現実世界の事実と対応していることです。これはいわゆる規約T、「つまり文Tが真であるのは、（世界の中のある状況が）Tであるときであり、またそのときに限る」に表されています。たとえば「文『雨が降っている』が真であるのは、雨が降っているときであり、またそのときに限る」というわけです。（つまりこれが「真理条件」です）。ここで単語、つまり名詞「雨」とか動詞句「降っている」とか（さらに細かく言えば動詞「降る」助動詞「いる」）あるいは格助詞「が」についていきなりそれらの「意味」を考えるのではなく、そうした細かい単位から成り立っている複合体としての文「雨が降っている」をまずは意味の担い手と考えます。そしてその「意味」を言語哲学的なジャーゴンで言えば「真理値」、文で表明されている命題の真偽、であると考えます。あるいは「文」が対応している事実はもちろん、「文」（そして「命題」）という存在者は認めても、「文の意味」という存在者を想定する必要をとくに求めず、「文TがTを意味する」とは要するに、「文TはTならば真であり、そうでなければ偽である」ということだ――文と現実という二者関係で十分で、文と意味と現実という三者関係を考える必要はない――、と考えるのです。

となると文を構成するより小さな単位としての語の「意味」というのは、世界の中の何者か、何事かに対応してそれを表しているというより、それがその部分となっている文の意味に対する貢献、寄与、機能として考えるべきだ、ということになります。

しかしそれだけのことであれば、実のところデイヴィドソンの創見などではなく、述語論理学を創始し、現代的な言語哲学の始祖となったゴットローブ・フレーゲにおいてすでに見られた構想であり、デイヴィドソンもまたその伝統の中に位置していると言えます。デイヴィドソン的な「全体論」とは、上にまとめた文単位の意味論よりももう少し強い何ものかなのです。

全体論としてのデイヴィドソン言語哲学においては、語ではなく文が意味の基本単位とみなされるにとどまりません。「語は、それ自体で世界に対応し、何者かないし何事かを直接意味することは普通ない、という意味において意味論的な原子ではないが、文はそのような意味での意味論的な原子である」という意味論、言語理論は当然に考えられるものですが、デイヴィドソンのそれはこうした「語については全体論、文については原子論」というようなものではありません。それは文レベルにおいても、全体論を構想しようというものです。つまり、世界に対応して何者か、何事かを表現しているのは、厳密に言えば一個一個の文ではなく、一連の文からなる発話であり、会話のやりとりであり、あるいは文芸作品を含めた文書です。しかしむろんそこでとどまるわけではありません。文芸作品も法的文書も、ほかの作品や文書を前提とし、それらを参照し、そしてまた後続の文書や作品の前提となります。こうしたネットワーキングが延々と続けば、極端に言うと文全体の集積、ネットワークとしての言語――口にされまた文字にされたさまざまな文、言語表現の全体――こそが、世界に対応する意味の担い手である、というのが、デイヴィドソンの意味での全体論です。

クワインの全体論――論理実証主義批判

しかしまたしても、このような意味での全体論もまた、デイヴィドソンのオリジナルというわけではありません。フレーゲ的な伝統の中では、デイヴィドソンの直接の先達というべきウィラード・ヴァン・オーマン・クワインが、こうした全体論の主唱者としてつとに著名です（cf. Quine［1980=1992］［1960=1984］［1992=1999］）。

では、デイヴィドソンの創見はどのあたりにあるのでしょうか？ それを考えるためにも、まずはクワインの議論を瞥見しておくことが望ましいでしょう。初めに示唆したとおり、デイヴィドソンの構想は意味論、言語哲学にとどまらず、行為論と統合されて合理的主体の一般理論とでもいうべきものの一部をなすものとなっているのですが、クワインもまたただたんに言語的意味論の地平にとどまっているわけではなく、その言語哲学は認識論、存在論にも通じていくものになっています。

クワインの全体論構想への入り口は、たとえば彼の有名な論文「経験論の二つのドグマ」（in Quine［1980=1992］）における、「分析（的）―総合（的）」の二分法の批判あたりに見つけることができます。この二分法批判において念頭に置かれていたのは、たとえば二〇世紀前半において有力だった哲学的意味論・認識論・科学哲学構想としての論理実証主義のプログラムです（論理実証主義についてはHacking［1983=2015］ほか、とくにクワインによるその批判については飯田［一九八九］）。

論理実証主義のプログラムにおいては、科学的な命題は分析的命題と総合的命題の二種類にきれいに区分されます。前者は論理法則と語の定義によってその真偽が定まる命題（たとえば「独身者の中には結婚している者がいる」は語の定義と論理法則から明らかに偽であり、実際に調査して確かめる必要はない）であり、経験的に検証される必要はありませんし、またそもそもできません。それに対して後者は、世界の中の事実に即して、経験的にその真偽が検証されるべき命題です。論理実証主義の構想においては、この区別は厳密に維持可能ですから、たとえ分析的命題が相互依存的で、単独では具体的な意味を担えない、つまり「原子」ではありえないとしても、個々の総合的命題はそれぞれに検証可能であり、一種意味論的には「原子」として扱うことができます。

クワインはこの区別を拒絶――とはいかないまでも相対化し、分析性と総合性との区別は見かけほど自明ではない、と主張します。それゆえに、分析的命題のみならず、総合的命題もまた、意味論的な原子としての資格を失い、ほかの命題との関連の中で初めてその意味を獲得するものだ、と位置づけしなおされます。かといって、すべての命題が分析的なものとなるというわけではもちろんありません。純粋に経験的に、事実との対応によって真偽が決まる、「純粋に総合的命題」が存在しないだけではなく、逆に純粋に経験から切断され、世界的事実とは無関係に純粋に論理的に、あるいはもっぱら定義によってその意味が定まる、「純粋に分析的命題」もまた存在しないのです。ですからクワインの議論は言語の水準で自己完結しているわけではなく、言語と世界の対応についての認識論、存在論をも含んでいます。そして彼の議論が「全体論的」であるのは「個々の命題、文の意味が言語全体の中で決まる」とするからだけではなく、「そうした言語は全体として世界に対応している」とするからでもあります。

ドナルド・デイヴィドソンの「統一理論」(2)
意味・信念・欲求の全体論

デイヴィドソンの寛容の原理——意味と信念の全体論

さて、以上のようなことが先達たるクワインによってもすでに論じられているとして、それではデイヴィドソンの独自性をどこに求めればよいのでしょうか？

デイヴィドソンの全体論は、実は言語的意味の全体論にとどまりません。まず、彼は言語レベルにおいてのみならず、信念や知識もまた全体論的な構造を持つ、と論じます（cf. Davidson［2001=2007］）。これはある意味で当然です。

分析哲学的な意味での「信念 belief」なる語には注意が必要です。この枠組みでは信念とは、知識や欲求、意図と同様に「命題的態度」の一種であり、現代の日常的な日本語としては「思い」くらいにしておくとよいと思われます（分析哲学においては信念、欲求、意図、知識などは有意味な命題をその内容として持つ心的態度として「命題的態度〔propositional attitude〕」と呼ばれます）。たとえば文Tで表されるような事態があったとして、「信念B（T）を主体Aが持っている」という表現は「AはTだと思っている」と言い換えられます。ちなみに「知識K（T）をAが持っている」となれば「AはTだと知っている」ですし、「欲求D（T）をAが持っている」は「AはT（となること）を欲している」です。

信念や知識は命題的態度、すなわち言語的な構造に従う何事かである以上、それらもまた全体論的なものであることは自明であるように見えます（あるいは命題的態度ではないような知識・思いはここではさしあたり度外視されています）。実際、クワインもまた彼の全体論的哲学を狭義の言語にとどめているわけではありません。しかしデイヴィドソンは、ただたんに現実世界、知識・信念の世界、そして言語の世界の間に、並行した対応関係を想定しているわけではありません。彼が「全体論」というときには、ただたんに言語的意味が全体論的であり、知識や信念もまた全体論的である、と言っているのではないのです。言語的意味と知識・信念といった心的現象をひっくるめた総体が、相互依存的な全体をなしている、と彼は考えています。

ただたんに知識・信念も言語的意味もそれぞれに全体論的である、というだけでは、この二つの世界、二つの水準の間に単純な対応関係があり、さらにどちらか一方のもう片方への還元さえもまた可能である、と考えられてしまう余地があります。しかしデイヴィドソンはそうは考えません。信念・知識と言語的意味とは相互に参照され、同時決定される。これがデイヴィドソンのアイディアです。具体的にはそれは「寛容の原理」と呼ばれる公準に表れています。この言葉遣い自体はクワインと共有されていますが、デイヴィドソンとクワインでは同じ用語に込めたニュアンスが異なります。『ことばと対象』(Quine［1960=1984］)のクワインが「根元的翻訳(radical translation)」、つまりはある言語表現と別の言語表現の対応について語るのに対して、デイヴィドソンは「根元的解釈(radical interpretation)」(in Davidson［1984=1991］)、つまり言語と信念、さらには信念と信念との対応について論じます。

「根元的翻訳」「根元的解釈」とは、未知の言語の発話者を前にしたとき、解釈者がどのようにしてその発話を解釈するか、という思考実験ですが、クワインは「発話者の表明した発話（らしきもの）の中に、発話者と解釈者が共有する状況についての肯定的描写が含まれている」可能性に賭けて、そうした状況の共有を手掛かりに個別の発話の理解、さらにそれを積み上げて、その背後の未知の言語全体の理解への道を進んでいく、というシナリオを提示しました。それに対してデイヴィドソンは、未知の発話者の断片的発話（らしきもの）を解釈するための戦略として、その発話の背後に話者の信念を見出そうとします。デイヴィドソンの解釈者は、未知の言語の話者もまた、少なくとは自分と同程度には合理的な存在であるはずで、だとすれば話者の信念体系もまた自分と同程度には合理的なはずだ――論理的に整合的で、現実世界を適切に認識しているはずだ、と想定します。それももちろん賭けではありますが、この賭け以外には、未知の発話者の発話（らしきもの）を解釈するための有効な戦略はほとんど考えられないのです。これが「寛容の原理（principle of charity）」です。発話を理解するためには、その発話の体系性を支えている、発話者の合理的主体性を想定してかからねばならない。デイヴィドソンの言う「全体論」とはつまりそういうことです。これは発話を信念に還元するということではありません。そもそも信念自体は観察不能であって、想定するしか――それも個々の信念をというより、その具体的な細部は不明だが、全体としては秩序立っているだろう、信念体系を想定するしかないのです。

ベイズ的意思決定論

ところでこの「寛容の原理」に導かれた意味と信念の全体論という構想を提示するさいにデイヴィドソンは、そのインスピレーションの源泉として、ベイズ的意思決定論を引き合いに出しています。それは不確実な世界を前にしての、合理的主体の意思決定理論です。デイヴィドソンはそのキャリアの初期において、パトリック・スッピスらのパイオニアに誘われ、意思決定理論にかかわるいくつかの論文の共著者となってもいます。

いわゆる期待効用理論によれば、不確実な世界に直面する主体は、もしも合理的であるならば、起こりうる将来の可能性に対して、整合的な予想を形成することができます。ここで「合理的」というのは、たとえばただたんに「論理的に一貫した思考を行うことができる」という謂いではありません。「論理的に思考したうえで、それをもとに自分の効用を最大化しようとする」という、経済学的な合理性がここでは問題となっています。期待効用理論の説くところでは、このような意味での合理性を備えた主体だけが、不確実な世界において、その世界の中で起こりうる将来の可能性に対して、整合的な予想を組み立てる（数学的に言えば、起こりうる事象に対して、一貫した確率分布を割り当てられる）ことができるのです（テクニカルな細部については、ミクロ経済学や意思決定論の教科書を見てください）。

これを哲学の言い回しに置き換えるならば、不確実な世界についての予想、それぞれの可能性に対する主観確率の割り当ては「信念」です。合理的主体はまた、起こりうる可能性に対して、こうなってほしい、こうであってほしくはない、という希望、願望、つまりは「欲求」もまた持っています。そして期待効用理論の説くところでは、信念と欲求とは相互依存的であり同時決定されます。世界の中の可能性に対してシステマティックな欲求を持っている者でなければ、その可能性についての予想を立てることはそもそもできない、というのです。

意味・信念・欲求の全体論へ

見たとおりデイヴィドソンの意味と信念の全体論はベイズ的意思決定論にインスパイアされているわけですが、さらにこの意思決定論が、欲求と信念の全体論として解釈されます。そしてこれらがたんに並列されるのではなく、結合されて欲求、信念、意味の全体論――統一理論が展望されるわけです。デイヴィドソン自身の言葉に従えば「態度内全体論」のみならず「態度間全体論」もまた必要である、というわけです（Davidson［2004=2007］）。

統一理論においても、その思考実験において想定されているシチュエーションは「根元的解釈」のそれと同様です。発話者の発話を解釈者が懸命に解釈しようとしている。そのさい解釈者にとって利用可能なデータは、発話者の発話行為であり、そこに現れる発話者の、発話の真理性へのコミットメントである。そこから解釈者は、発話の具体的な意味内容はとりあえずわからなくとも、発話者と自分が共有している状況をもとに、発話の真理条件を理解し、さらには発話者の信念をも推測していく。ここまでは「統一理論」手前の「根元的解釈」のお話です。「統一理論」の構想においては、発話者の発話へのコミットメントから、信念（発話内容をどの程度発話者が信じているか）のみならず、欲求（発話内容に表現された状況を発話者がどの程度欲しているか）までを解釈者が解釈していく、と考えるのです。

欲求抜きの、信念と意味の全体論においても、複数の発話の解釈を通じ、発話者の発話、それを支える言語と信念の体系性が、「寛容の原理」に従って解釈者によって再構成されていきます。ただしそこでの信念はまだ「発話の真理性へのコミットメント」という以上のものではなく、発話者がどの発話にどの程度コミットしているか、というコミットメントの強さ——信念の強さの量的な差違が十分に見えてきません。これに対してベイズ的意思決定論においては、選択肢の間の選好関係の背後に、一次元的な尺度としての効用が見出されます。そこでリチャード・ジェフリーは、選好の対象である選択肢を、発話される文の命題によって表現される状況と解釈し、それに対する主体の選好関係を想定します（Jeffrey［1983］）。そして合理的な選好関係の背後には効用関数（フォン・ノイマン＝モルゲンシュテルン効用関数とは若干異なるタイプのものであることをジェフリーは示しており、デイヴィドソンはそれを受容している）を想定できるため、発話者は自らの発話で表現される状況に対して、それぞれにそこから得られる効用＝それぞれの状況の望ましさ desirability を割り当てることができます。そしてジェフリーは、発話主体がそれぞれの状況に割り当てた望ましさから、発話主体がそれぞれの状況に想定した主観確率までをも導き出す手順を提示しました。このジェフリーの示した手順を継承することによって、デイヴィドソンは意味・信念・欲求のそれぞれが相互依存しあって還元不可能となる、全体論の構想に到達したのです。

ドナルド・デイヴィドソンの「統一理論」（3）
「寛容の原理」「真理の社会性」「三角測量」

「寛容の原理」が前提する社会的関係

さてこの「統一理論」によって合理的主体性の原理論の基本的な方向は定まってしまったと言ってよいほどなのですが、そこから社会理論へはどのように展開していけるでしょうか？　まずはそもそも「根元的解釈」論以来のデイヴィドソンの議論枠組み自体が、最初から社会的なものであったと言えます。すなわち、行為者の理解はたんなる観察と、そこからの法則性の帰納ではなく、相手に合理的主体性を先取り的に想定する（つまりそれは「寛容の原理」である）「解釈」であるのですから。ただし典型的にそこで想定されている状況は、発話者による発話行為の解釈というまさに「コミュニケーション」であるとはいえ、原理的には、自らは発話しているつもりのない行為者の振る舞いを第三者として観察しつつ解釈する、という状況もありうることは気をつけておかねばなりません。問題は我々が典型的な状況として準拠すべきは、どちらか、ということでしょう。

状況がコミュニケーションである場合、つまり観察対象の行為主体が発話者として観察者に意図的にコミュニケートを試みている場合には、ポール・グライスの言う、会話における「協調の原理（Cooperative Principle）」（cf. Grice［1989=1998］）の作動が想定できます。ごく乱暴に言えばグライスの言う「協調の原理」とは、解釈者サイドにおける「寛容の原理」の、発話者サイドでのカウンターパートであり、発話者は受け手にとってわかりやすいように発話を心がけるという行動準則であり、またそういう準則に発話者はしたがっているだろう、という受け手の側での（この側面ではまさに「寛容の原理」にほかならない）想定です。そこに社会的関係を想定するならば、相互の合理的主体性としての理解可能性は、大まかに言えば保証されています。

しかし、そうではない場合には？　ここで観察者が、観察対象と社会的関係に入らない場合には？　それでも、デイヴィドソン流を忠実に踏襲するならば、たとえ対象に対してコミュニカティヴにはたらきかけず、一方的に物陰から、純粋に客観的に対象を観察していたとしても、対象を合理的行為者として「理解」し、その行動を有意味なものとして「解釈」しようとするならば、それは対象と現に社会的関係を取り結ばずとも、潜在的にはそのような関係に入りうるものとみなさざるを得ない、ということになるはずです。これは「寛容の原理」のコロラリーと言うべきでしょう。

真理の社会性

以上に加えて、デイヴィドソンにおける「真理の社会性」とでも言うべきアイディアにも触れておかねばなりません。

すでに触れたようにデイヴィドソンの言語哲学、意味論は「真理条件意味論」と呼ばれています。それはかいつまんで言えば「文の意味を理解するということは、その文の表す命題が真となるためには、世界がどのようになっていなければならないのか、世界の中にどのような状況が成立していなければならないのか、を理解するということである」という発想です。

これは著しく客観主義的で実在論的な発想です。すなわち、ある命題の真理条件とは、「その命題が真であるために成り立っていなければならない条件」ですが、その命題を文（ないしそれに類する表現）として発話する話者は、それを発話するために、その命題の真偽それ自体を知っている必要はありませんし、またその真偽を確かめることができる必要さえもありません。裏返して言えば、基本的に命題は真か偽かそのどちらかに決定しており、そのことは命題を発話する、発話せずとも信念として心に抱く人間の認識能力――その真偽を確かめる能力には関係がありません。人間が決してその真偽を具体的には知りえない命題であっても、その真偽は決定しています。そしてそのような命題についても、人間はその命題と対応する真理条件の関係についてなら、認識し語ることができます。もう一度平たく言うと「（人間が発話できる）文、そこに表現された命題の真偽は、人間の認識能力のいかんにかかわらず、それとは無関係に客観的に決まっている」という思想が、真理条件意味論の根本にあります。

このような真理と意味に関する強力な客観主義的実在論――認識論的に言えば非基礎づけ主義・外在主義――はともすれば、人間に対して神のごとく真実を認識する能力を要求する無茶な議論であるかのように見えます。もちろんすでに見たように、具体的な存在者としての人間は、無知で有限な存在であることは認められています。しかしにもかかわらず、そうした無知で非力な人間は真理について有意味に考え語りうる権利を保障されているのであり、その限りでは、人間に対してそうした資格を保証する理論家に対しては、ほとんど神のごときポジションが与えられているかのように感じられてしまいます。同様のことは、その全体論的言語観についても言えるでしょう。

一見、こうした実在論・外在主義は全体論――それはただたんなる「意味の全体論（態度内全体論）」ではなく、「意味・信念・欲求の全体論（態度間全体論）」である――と組み合わされたとき、無限の知力を人間に要請しているかのごとく見えてしまいますが、デイヴィドソンの本意はもちろんそこにはありません。デイヴィドソン自身が、

われわれが全体論を採用しなければならないのは、他の命題的態度についてのまだテストされていない仮定が立てられる場合にのみ、ある証拠を任意の一つの命題的態度にたいする証拠と正当にみなすことができるという事実があるからである。（「価値評価を表現すること」in Davidson［2004=2007］）

と述べていることからも明らかなごとく、全体はある部分の意味を確定するために、すでにあらかじめ確定されているのではないのです。そうではなく、あたかも確定――とは言わないまでもだいたい安定しているかのごとく仮定されるのです。全体は

既知なるがゆえに前提と「される」のではありません。反対に、未知であるからこそ前提「されざるを得ない」のです。ここで「仮にその仮定がとてつもなく間違っていたら？」と問うても無駄です。もし仮にそうだったとしても、できることは何もありません。

さらにそれに加えて、デイヴィドソンは「人間が世界認識なり他者理解なりにおいて「全面的に間違っているかもしれない」という懐疑にはそもそも意味がない、なぜなら何事かについて「間違っている」と言えるためには、それを「間違っている」と判定するための正しい基準を前提としなければならないから」（「真理と知識の整合説」in Davidson［2001=2007］）と論じます。我々は、「人間の認識や理解はおおむね正しい」と仮定してよい、というよりも、そう仮定する以外にできることは何もないのです。

「三角測量」――「当座理論」の共有

このように強力な客観主義的実在論を手にした以上、発話の意味とはその真理条件のことなのだから、客観的に実在する状況を共有している主体同士、同じ物理的世界の中に存在している主体同士は、当然に意味をも共有します。この、複数の主体とそれらが共有する客観的実在との三項関係に対して、デイヴィドソンは「三角測量（triangulation）」なるアナロジーを適用します（cf. Davidson［2001=2007］［2004=2007］）。

ここで、状況を共有しつつコミュニケートする、あるいは直接コミュニケートしないまでも、お互いをコミュニケーション可能な存在として理解しようとする主体同士は、ただたんに客観的実在世界を共有するだけではありません。相手をコミュニケーション可能な主体として理解しようとするならば、相手も自分と同質の合理的な主体と仮定しなければならない――つまりはその主体のうちに信念・欲求・意図等々の命題的態度の整合的な体系を想定しなければならない、というだけでもありません。驚くまいことか、ある意味で話者、ないし行為者とその発話ないし行為の解釈者とは、合理性のみならず意味の体系、すなわち〈言語〉でさえも共有している、と想定せざるをえないのです。

とはいえこの場合共有されていると仮定されるべき〈言語〉は、たとえば日本語や英語、記号論理の体系や数学、あるいはBASICやC言語といったプログラミング言語というふうに、我々が具体的に「言語」と呼んでいる具体的なシステムのことではありません。そのような、普通の意味での「言語」の共有を前提しないのが、「根元的解釈」という思考実験が想定する状況です。しかしそのような状況においてさえ、解釈は可能であり、解釈者は行為者の、あからさまに発話とわかるもののみならず、有意味と見える振る舞い全般を観察し、その発話・振る舞いのうちに行為者の状況へのコミットメントを見出し、そこから行為者が発話・振る舞いに込めた意味と、状況についての行為者の信念とを推測していくことができる、とデイヴィドソンは考えます。

さてそうした状況において、解釈者はそのつどそのつど行為者の振る舞いを解釈するための暫定的な枠組み（デイヴィドソンは「当座理論〔passing theory〕」と呼ぶ）を作っては修正し、の繰り返しを行っていくでしょう。理解がそれなりに進行している限りにおいて、この「当座理論」はそのつどそのつど場当たり的に、主体間で共有されていることになります。たとえろくに「先行理論（prior theory）」を共有していない者同士であっても、「当座理論」は共有できる、というよりもできていると想定せざるを得ないのです。普通の意味で我々が、人々があらかじめ共有している／していないを論じるあれこれの具体的な「言語」とは「先行理論」であり、そうではない、つねにすでに場当たり的に共有されていると仮定するしかない〈言語〉とは「当座理論」のことです。このような状況は「つねにすでにそこに〈言語〉が成立している」というより、むしろデイヴィドソンにならって「いわゆる『言語』なるものは実は存在しない」（「墓碑銘の素敵な乱れ」in Davidson〔2005=2010〕）と言うべきなのでしょう。

かくして客観的世界は確かに実在し、それを踏まえるがゆえに客観的真理なる概念には意味があり、それは客観的であるがゆえに人々の間に、思考する合理的な動物の間に共有されており、その意味で真理は社会的である、と言えます。しかしデイヴィドソンはもちろん、もう少し無難なわかりやすい方向からも真理の社会性について論じてくれています。「態度間の全体論」に従えば、厳密には（主観的）信念と（客観的）意味とは相互前提関係にあって還元不能なのですが、あえてここで説明の便宜のために「客観的意味なしの主観的信念」を想定してみます。孤独な動物であれば、こうした信念の主体でありうるでしょう。しかし他者とともにある社会的な動物は、主観的な信念の世界に自足するわけにはいきません。同じ世界を共有する他者が、同じ世界内の同じ事物に対して、自分と同様に、その他者なりの信念を有するはずです。となれば、両者の信念のすり合わせ、比較といった問題が、コミュニケーションにおいて発生するでしょう。その中で合理的主体は、ただたんに信念を持つだけではなく、信念の「概念」、自分が信念を持つという信念を獲得するはずです。そのことは同時に、たんなる（主観的）信念ではない（客観的）真理の概念を含意せざるを得ない――大体こんなふうにデイヴィドソンの理路は展開しています。

他者の合理性の想定

以上を踏まえますと、以下のように言えます。デイヴィドソンの言う意味での「寛容の原理」を踏まえた推論においては、他者を理解しようとする主体にとっては、他者の最低限の合理性を仮説的に前提する以外には、できることは何もありません――

その仮定を捨てることは、理解の可能性を捨てることです。理解したいと思う相手が本当のところ、理解可能という意味において「合理的」なのかどうか、はやってみなければわかりようがありません。しかしながらここでコミュニケーションを、つまりは他者の理解を試みる主体には「このような場合には『寛容の原理』に従い、そうでなければそれを捨てて、何かほかのやり方に訴えてコミュニケートする」などという選択の余地はないのです。「寛容の原理」を捨ててもできることはもちろんあるでしょうが、それはもはや他者理解、コミュニケーションではありません。コミュニケーションを続けようとする限り、「寛容の原理」、すなわち、「他者の合理性の想定」は捨てようがないのです。

「全体論」における「全体」とは（1）
方法論的全体主義再論

方法論的全体主義

このようなかたちで「他者の合理性の理解」を位置づけるならば、通常は「方法論的個人主義」の典型と捉えられることの多い「合理的経済人」「合理的主体」モデルの中に、我々はまさに「方法論的全体主義」を見出してもいることに気がつきます。

そこであらためて、そもそも「方法論的全体主義」「全体論」とは何か、という問題についても考えておきましょう。

先のデイヴィドソンについての検討にさいして何度も出てくる「全体論」とはもちろん、「意味の全体論」ならびにその応用としての「命題的態度（信念・欲求・意図等々）の全体論」であり、その対概念は「意味の原子論」です。つまり非常に単純化して言えば、個々の言葉の意味、コミュニケーションにおける個別的な表現の意味は、それ自体で独立的に決まっている、という考え方となります。この意味論レベルでの全体論と原子論との関係は、社会学・社会科学における「方法論的全体主義」と「方法論的個人主義」との関係とは当然にイコールではありません。ではそれが社会学、社会科学にとって何の意味もないかと言えば、もちろんそんなことはありません。

論理構成においては、社会学、社会科学のレベルでの「方法論的全体主義」と「方法論的個人主義」との対立も、構造としては「全体論」と「原子論」との対抗関係だとは言えます。すなわち、社会的なるものを、原始的な存在、基本単位としての個人の行動の結果、その集合とみなすのか、あるいは、個人の行動をより大きな基本単位としての社会的なるものの部分、その中で特定の機能を果たす器官のようなものとみなすのか、という対立ですね。意味論の場合にも、意味作用の基本単位を「全体」とみなして、個別の言葉や表現の機能を、そうした「全体」への貢献によって測るか、あるいは個別の言葉、表現を、それ自体で独立した意味の基本的な担い手とみなすか、という対立があるとするなら、論理構造は同じだ、と言えなくもありません。

稲葉［二〇〇九］では、社会科学のレベルでの「方法論的全体主義」には、どのレベルの社会的なものを「全体」として扱うか、が研究者の恣意的な選択に任されがちになるのではないか、という純粋に科学方法論的な難点と、実証科学的な方法論としての全体主義（holism）と政治思想としての全体主義（totalitarianism）とは別個のものではあるが、感覚的に共振してしまう危険、あるいは政治的全体主義のイデオロギー的基礎づけに、方法論的全体主義が用いられる危険、といった政治的難点から、「方法論的全体主義」は焦点を移動させ、その対象たる「全体」を人間の集団から、「意味・形式の体系」へと移動させていった、と論じました。個人の性質を形作る社会的環境も、個人を取り巻く集団それ自体よりも、集団における役割やルールの体系、集団に共有された文化、というものを中心に捉えるようになったわけです。さらにこのような「意味・形式の体系」とは、まさに言語哲学的な「意味の全体論」が論じている「全体としての言語」そのものではないでしょうか。

全体としての言語？――開かれた可能性の地平

しかしながら、それで問題がなくなったわけではありません。本当に論理的に同型であるならば、言語のレベルでの「意味の全体論」においても、実は同じような難点が見つかるはずだからです。すなわち、社会的なるものにおいて「全体」の設定が近隣コミュニティだの国家だの、あるいは人類全体だのといったふうに恣意的になされうるように、言語においても「全体」の設定はいくらでも恣意的になされえます。先にも触れたように、ある特定の会話のひと連なりか、一個の完結した文書か、ある文芸ジャンル総体か、いわゆる「××語」の言語活動全部か、あるいは……というふうに。おそらくこの恣意性は完全には克服できないため、以下のように考えなければなりません。すなわち、

「意味の全体論」を「個々の言語表現が世界内の個別の物事に対応しているのではなく、全体としての言語が全体としての世界に対応している」というふうに解説してしまうと、その謂いは過度に一般化され、かつ神秘化されてかえってわかりません。むしろそれは実践的な表現とその解釈の現場において、ダイナミックに考えられるべきです。

他者の発話、ないしは有意味な振る舞いを解釈するためには、個々の発話、振る舞いをそれぞれ切り離したままではだめで、複数の表現のネットワークと、それが置かれた現実のコンテクスト（発話状況）を考慮に入れなければならない。「意味の全体論」の趣旨はまずはそう考えるべきです。かといってここで、個別の発話を解釈する

ために考慮に入れなければならない他の言語表現のネットワークの範囲はどこまでであり、また参照すべき現実の状況も、いま現在直面しているそれ以外のどこまでなのでしょうか？　純粋に理屈だけで言えば、そこに明確な境界線など引くことはできないのだから、言語表現全体と、全体としての現実世界そのもの、にまで参照すべき範囲は無際限に広がってしまいかねません。しかしながらそれらすべてを実際に参照することはもちろん不可能です。

つまり「意味の全体論」とは「コミュニケーションを行う者同士が、あらかじめ全体としての言語と、全体としての世界についての知識を共有し、それに照らして個別の具体的な表現を解読しあっている」などという主張として解釈されてはならないのです。具体的に言葉を用いて発話し、表現する者、そしてそれを解釈する者があらかじめ知っていることの総体はもちろん有限であって、言語や世界の総体を包括するわけではありません。またそれはいくぶんかは共有されているとしても、ぴったり重なりはしません。だから現在進行形におけるコミュニケーションは、基本的に不完全であり欠落や誤解に満ちています。しかしながらそれが未来に向けて開かれている限り、いずれはそうした欠落や誤解も埋められ、正されていくチャンスはつねに残されています。「全体としての言語」というものがあるとすれば、そうした未来までをも含めてのことです。つまり「全体」とは具体的な何かの総体とかではなく、開かれた可能性の地平のこと、くらいに考えるしかないのです。

そして「全体」が「開かれた可能性の地平」であるというなら、それがいったい「どこ」から開かれた地平なのか、が問題となります。そうなると我々は、意味の全体論を、やや意外にも、有意味な表現を行い、他者のそうした表現の意味を解釈する、コミュニケーションの主体本位に考えなければなりません。「開かれた地平」とは言語活動、コミュニケーションを行う主体にとって、その前に「開かれた地平」なのです。自分の欲求を実現するべく行為する主体が、自分がその中で生きる世界を理解するための枠組みとして（信念・欲求・意図等々の）命題的態度の全体論的構造があり、そのような主体たちが複数、同じひとつの物理的世界の中で共存し、交流するからこそ、主観的信念を超えた客観的知識、そして真理という構造もまた析出されてくる――先のデイヴィドソンの統一理論は、そのように読まれなければなりません。

「全体論」における「全体」とは（2）
「地平」としての全体

経験主義の二つのドグマ

もう少し丁寧に説明してみましょう。

クワイン＝デイヴィドソン的な全体論に対して、まず直観的に思い浮かぶ疑問は「命題・発話の意味は言語活動全体に照らし合わせないとわからないと言うけれど、その全体があらかじめわかっていれば苦労はしないよ。そもそも『全体』と一口に言うけど、少なくとも潜在的には無限なんだから、発話者も解釈者も、とてもその『全体』を見渡したりできるわけがないじゃないか？」というものでしょう。

これに対してどのように考えるべきでしょうか？

まずひとつ重要なことは、すでに発話者・解釈者の頭の中に入っているものとしてはもちろん、とても覚えきれないので辞書など外界にあって参照するものとしても「全体」などという実体はない、ということです。では何があるのか？

ことにクワインの議論においては論理実証主義（論理的経験論）が直接の克服の対象として想定されていますが、クワインによるその批判、つまり「経験主義の二つのドグマ」について考えてみましょう。論理実証主義の構図では、およそあらゆる命題は基本的に二つの種類、分析的命題と総合的命題に分かれます（第一のドグマ）。分析的命題とは、論理学的な真理とか、あるいは「孫とは子の子である」といった、語の意味だけによってその真偽がわかるようなものであり、それに対して総合的命題は「カラスは黒い」とか「いま雨が降っている」といったような、その命題が対応している言語外の現実に照らし合わせなければその真偽がわからないものです。

ところがこの論理実証主義の構図においても「命題の意味は個々別々には決まらず、全体の文脈の中で決まる（こともある）」と言わねばならないことに注意しましょう。すなわち分析的命題の意味は基本的に文脈的に、全体論的に決まります。にもかかわらず論理実証主義者たちがここで困らないのは、論理の完全性や健全性を信頼しており、人がその全体を知っている必要を認めないからです。知らなくとも、調べればわかるからです。それに対して総合的命題の方は、個別の事例ごとに調べなければその真偽はわかりませんが、しかしその確認はそれぞれ独立に行うことができます（第二のドグマ）。

クワインの「二つのドグマ」における批判は、分析性と総合性の区別が必ずしもつねに明確ではない（区別を全面否定するわけではないが、その違いは絶対的というよりは程度問題でありそれこそ文脈的なものである）ことを指摘することによって、経験的・総合的命題の確認も必ずしも個別独立的にはできず、全体論的・分析的な文脈を参照しなければならない、とする一方で、全体論的かつ経験を超越するとされた分析的命題のネットワークの方も、全体として永久不変なわけではなく、個別的経験の影響を受けて修正されうる、という結論へと導きました。

信念のレベルでの全体

これが何を意味するのでしょうか？　論理実証主義のもとでは、人間の具体的な知識と無知とはどのように位置づけられるのでしょうか？　未知の分析的命題が無害であるのは「論理の全体が完全で健全である限り、いずれよく考えてみればわかるはず」だからであり、未知の総合的命題が無害であるのは「それについて無知だからといって、すでに知っていることが不確かになることはない」からです。これに対してクワイン的な全体論的構図を受け入れると、この両方の安心が揺らぎます。しかしながらこの不安を真に受けすぎると、逆に我々が日常的にそこそこ言葉を使いこなしているメカニズムの理解がおぼつかなくなります。一挙に見渡すこともできないし、また知らなくともその完全性と健全性を信用できない「全体」が、いったいどのようにして我々の言語活動の基盤となりうるというのでしょうか？

全体論的意味論をとるということが「分析的であろうと総合的であろうと、個別の発話・命題の意味は、現実の参照はもとより、言語全体をおおむね前提としたうえでないと決まらない」ということであるならば、発話者・解釈者は言語全体についての大雑把な知識を持っているか、あるいは知識と言えない（現実ときちんと対応しているかどうかわからない）信念を持っていなければなりません。ここで言う「信念」とは大雑把に言えば、言語が全体として外的な現実のまた全体とおおむね対応しているという信念です。これはまず「現実としてそうであるはずだ」という謂いですが、と同時に「そうでなければ困る、そうでないならば言語と現実とが対応するようにしていかねばならない（そのように言語の方を修正していかねばならない）」という規範的な意味合いにおいてもそうです。そのように考えるならば「全体」とは知識のレベルでは決して到達しえないが、信念のレベルでなら到達可能である、というよりむしろ、信念のレベルで先取り的に想定されるものとして考えればよい、ということになります。

客観的実在としての言語

とはいえこれに対して「知識ではなく信念のレベルに『全体』の位置が移動したところで、ありとあらゆる事態すべてに対応する信念を人が具体的に持つことは決してありえないのだから、これで全体論の困難が解消したわけではない」というさらなる批判が当然に持ち上がりうるので、これへの対処を考えねばなりません。ひとつの考え方は、論理実証主義において分析的命題群の全体性が保障されていたさいに想定されていたのと同様のメカニズムを、信念について想定する、という戦略です。ある意味で論理実証主義の発想が、論理についての実在論——分析的命題の体系、とりわけその中軸をなす論理の体系は人間の思いや行動とはかかわりなしに客観的にそのようなものとして実在する、という発想だとしたとき、それを総合的、経験的命題まで含めた言語の全体に拡張する、という考え方です。つまり、実は言語とは、人間にとって究極的には外在的実在である、という極端な考え方です。物理的世界が実在するように、全体としての言語もまた実在するのであり、具体的な人間のあれこれの信念体系は、むろん有限なものであるが、あくまでも全体としての言語とは別のものであり、その一部分にしか到達していない、と考えるのです。これは一見奇天烈な考え方ですが、実のところ大部分の数学者は、このような感覚を数や集合といった数学的対象に抱いていると思われます。つまり、数学的対象は、何らかの意味で客観的に実在しているのであり、人間が頭の中で考えて作り出したものではない、と。この発想が（数についてのみならず言語についても）本当に成り立ちうるかどうかは、いまは問いません（柏端［二〇一六］はこの立場を暗示しています）。

またそうやって開き直れば、このイメージを取り扱いやすいモデルに引き写すこともできなくはないでしょう。たとえば、言語の全体を信念のレベルにおいて捉えることは、信念体系を確率分布としてモデル化すれば、経験を通じての学習、信念と知識の全体としての変化を、ベイズ的な信念改訂としてモデル化することができる、ということでもあります。そして実はこのような考え方はもちろん、何食わぬ顔をして実無限というものへのコミットメントを表明していることに気をつけねばなりません。確率分布は、たとえ有限の事態しか想定していない場合であれ、確率概念自体が実数なるものを想定しないと無意味になってしまうのですから。この、確率論的な発想の含意は、第6章であらためて見ることとしましょう。

5

対面的・
コミュニカティヴな
質的社会調査の意味

「何かあれば相手が教えてくれるようにしておく」

コミュニカティヴな調査のリスクとリターン

質的調査の目的

前章までの議論を踏まえるなら、岸の言う意味での「他者の合理性の理解」としての対面的・コミュニカティヴな質的調査とは、以下のような作業だということになります――

経済学やゲーム理論においてとある意味で同様に、コミュニカティヴな質的社会調査でも、研究対象＝当事者の（個人ないし、行動や生活を共にする集団の）合理性、平たく言えば「それぞれが大切にしている価値の実現に向けて適切な判断をもとに行動しているということ」を想定します。しかしながら通常の合理的選択理論のモデルにおいては、問題の主体がその合理的選択において、何を勘定に入れるのか、どのような価値を大切にして、その最大化を狙うのか、については、あらかじめわかっているものとして、モデルを組みます（経済学の場合、金銭的利益などの比較的わかりやすい目標が想定され、利用可能な情報、たとえば生産技術などは既知とします。技術革新が内側から形成されるメカニズムの定式化は、経済学においても難問であることはすでに見ました）。実証研究の場合にも、そうやって組んだモデルと、現実のすり合わせをして、どの程度仮説モデルが現実を再現できるか、どれくらいの説明力、予測力があるかを評価します。必ずしも合理的選択理論を前提としないモデルにおいても、通常の量的調査は、このように、すでに組みあがったモデルをもとに、調査項目を選択し、それを計測したうえで、モデルの善し悪しを評価します。

しかしながら質的調査が行われる場合には、研究対象となる人々が、合理的であることまではわかっている（そう想定している）一方で、では何を勘定に入れ、何を得るべき価値ある目標とし、何をもって支払うべきコストとみなしているのか、何を問題としているのか、は必ずしもよくわかっていない、という状況が典型的です。だから研究者の手持ちの情報だけでは、適切な理論モデルを組むことができません。だから調査対象＝当事者に直接聞こう、というわけです。とはいえ「聞けばわかる」というほど話は単純でもない。「言語が同じなら聞ける」というわけでもないし、逆に「言語が共有されていなければお手上げ」でもない。すでに見たとおりここで言うような意味での「言語」なるものは、厳密に言えば存在しない、というのがデイヴィドソンの洞察でした。お互いに（理解がどの程度できているかはともかく）現にコミュニケーションを行っている以上、同じ物理的世界に共存しており、お互いに合理的であり、かつ互いが合理的であることを知っている（というより、そう想定するしかない）、といった前提が成り立っていれば、長い目で見ればコミュニケーションは成功するであろうし、そのさい同じ言語の共有は必要条件でも十分条件でもない、ということです。

コミュニカティヴな関係のメリットとコスト

調査対象が何を勘定に入れているのか、何を見て、何を感じ、何を大事に思っているのかをすでに十分に理解していれば、いちいちコミュニケーションをとらずとも、一方的に隠れて観察するだけでも、調査対象の振る舞いを適切に理解し、さらには予測することさえできるでしょう。しかしながらそうした理解が不十分な場合、つまりは対象の行動をある種の関数の最適化としてシミュレートしようにも、関数に放り込むべき独立変数の束の中に欠落がある場合、どうすればよいのでしょうか？「相手に直接聞けばいい」――というのは、実は正確な答えではありません。聞いてみるためには、少なくとも「何か大事なことを自分たちは見落としている」という自覚が必要だからであり、「相手に直接聞けばいい」という心構えなしでは、つまり見落としの自覚や不安さえともなわない見落としには、当然対応ができません。もう少し踏み込むならば、一方的に観察するのではなく、聞いてみることもできるような関係、さらに言えば、何か気がついたことを向こうから教えてくれるような関係を作っておくこと、でしょう。つまり「何かあれば相手が教えてくれるようにしておく」ことです。

そのために、こちらからの干渉で相手に影響を与え、ノイズを持ち込む危険を冒してでも、研究対象とフラットなコミュニケーション関係を取り結んでおく必要があるわけです。

これはどういうことかと言えば、ただたんに調査対象に合理性を想定し、その行動、振る舞いの理由をきちんと理解しようとするだけではなく（それだけのことであれば一方的観察においてもできます）、調査対象の側からも調査研究者を観察し、その合理性を理解しようという姿勢が確立していなければなりません。そうでなければ、調査対象＝当事者の側から、調査研究者の側の動機を理解したうえで「ひょっとしたらあなたの目的のためには、この知識も必要なのではないか？」と提案してもらえないからです。

コミュニケーションとは、ただたんにお互いを観察することではないし、のみならずお互いを理解する（外的な行動だけではなく内的な理由までをも認識する）というだけのことでもありません。お互いがお互いのことを理解（しようと）している、ということをお互いに理解（しようと）している、ということを……という連鎖が無限に続くことですし、これはまた裏を返せば「お互いがお互いのことを理解（しようと）していることを伝え合う」ことです。お互いを認識することによって情報がやりとりされるだけではなく、こちらのことをお互いに認識させようと積極的にメッセージを送る、そうやって意図的に情報がやりとりされ、相手の合理性を理解するだけではなく、こち側の合理性も理解してもらうことを通じてはじめて、そのやりとりを「コミュニケーション」と呼ぶことができます。このようなコミュニカティヴな関係があってようやく「何かあれば相手が教えてくれるようにしておく」ことができる。もちろん、それはあくまでも可能となるだけで、成功は保証されてはいませんが。

そして言うまでもなく、一方的な観察とは異なり、このようなコミュニカティヴな関係には、危険もつきものです。調査者の側から調査対象に干渉して、その本来のありようを歪めてしまう危険は言うまでもありません。しかしそのような危険であれば、実は自然科学においてもつきものです。社会学、人類学、(質的) 心理学など人文社会科学ならではの危険は、調査対象の側からの干渉によって調査主体、調査研究者の側が歪んでしまうことです。よく知られたエピソードとしてはマーガレット・ミードの『サモアの思春期』の例があります (Freeman [1983=1995])。インタビューイー、インフォーマントが、悪意から、あるいはむしろ善意——研究者に対するサービス精神から、事実とはかけ離れてはいるが、調査者が面白がりそうな、研究者の強い関心に訴えるような「情報提供」をしてしまう、という事例は、エキゾチシズムとの共犯関係から自由ではなかった人類学や民俗学において、いくつか見つけることが可能でしょう。しかしながらもし仮に対面的・コミュニカティヴな質的調査の最大の眼目を「何かあれば相手が教えてくれるようにしておくことができる」ところに求めるならば、それは避けがたいコストであり、このメリットとのトレードオフを考えつつ運用していくしかない、ということになりましょう。

質的調査の特異性

さてあらためて整理してみましょう。第2章で述べたように社会科学的実証研究においては、新しく調査や実験などによって手に入れるのではなく、既存のデータベースその他の記録をもとに行われる研究のレベルで、大量観察に基づく計量分析を行う量的（定量的）研究と、少数の事例を多面的に検討する質的（定性的）研究との区別をつけることができます。またその一方で、いまここにおける社会の状況を知るべく、実態調査によってデータを収集し、然るのちそれらを分析する、という手法もあり、そのレベルでも定量的研究＝量的調査と、定性的研究＝質的調査とを区別することができます。すでに我々は、対象とする時代に本格的なデータベースが既存の制度として確立しておらず、自らデータベースを構築しなければならない計量史学の場合には、量的研究といえども案外少数事例の精査となる、と述べました。また歴史研究の場合には質的、定性的な事例研究の場合にも、多くの場合対象と直接のコミュニケーションをとることは不可能であるのだから、その意味でも、歴史研究においては質的・量的の断層は見かけほど大きなものではない、と論じました。ただ、定性的研究においては、対象となる事例の資料を繰り返し多面的に読み直すという手法がとられるため、すでに選択された項目間の関係を計量的に推定する、にとどまらず、新たに検討すべき項目を発見する、という、現在的実態調査における質的研究と同様のことが行われることも多いとは言えます。

このような歴史研究に対して、研究者と研究対象が同時代を生きる場合の、実態調査としての社会調査においては、質的研究の異例性がクローズアップされます。調査研究者と調査対象が相互干渉の危険を冒しつつ、ある意味で共同作業としての探究にコミットするというその在り方は、伝統的な実証科学の枠を踏み越えたものに、ともすれば見えてしまいます。しかしながら、普通の人々の社会認識と、それを踏まえた社会的実践を主要な対象とする社会学、さらには、そうした実践を通じての社会の変容をも射程に入れようとする社会学においては、たとえそれが科学の域をはみ出してしまう危険をはらんでいたとしても、このような、研究対象とのコミュニカティヴな関係に立脚した調査をやめるわけにはいかないのです。

もちろんそれはリスキーな営みです。しかしながらそれなくしては社会変動、あるいは社会の多様性の解明という課題は果たすことはできないでしょう。もちろん理屈のうえでは、「社会変動の一般理論」を構築する、という道も残されてはいますが、それがおそらく不毛であることは、すでに示唆したとおりです。

「社会変動の一般理論」はなぜ困難なのか？

前章でせっかく数式もどきを出したので、それを援用して再説しますと、ある社会システムの運動を微分方程式系（式5-1）でモデル化できたとします。もちろんこれ自体で十分に運動、つまりは変化の道具として使えるわけですが、通常はそれは不動点＝均衡点にいたる経路とか、その周辺でのふらつきといったレベルの変化しか扱えません。欲張りな社会学者が「社会変動の一般理論」に求めるのはそのようなものではなく、普段は安定した構造が一変するような大規模な変化、つまりは社会システムが先ほどの式5-1で表現できるようなものから、別の微分方程式系（式5-2）で表現されるようなものへと変わってしまうメカニズムの分析ができるものを求めるわけです。いや、それどころか式5-3かもしれません。実際先に経済学の例としてあげたプロセス・イノベーションの場合、財ベクトルの中味自体が変化するわけです（財の種類が増える、多様化するということは、ベクトルの次元数が増えるということです）。

このような理論を作ろうとすると、どのようなかたちになると考えられるかと言えば、社会変動を支配する何か別のメカニズムを想定して、それをまた微分方程式系で

式 5-1

$$\frac{dx}{dt} = F(x)$$

式 5-2

$$\frac{dx}{dt} = G(x)$$

式 5-3

$$\frac{dy}{dt} = G(y) \qquad (x \neq y)$$

表現する、というやり方をまずは思いつくでしょう。つまり、社会構造を支配する要因 z を想定し、$F(.)$ や $G(.)$ といった社会構造は、この要因が独立変数となっている別の関数 $\alpha(.)$（というより「写像」と言った方がいいでしょうね）の従属変数だ、というわけです。

しかし口で言うのは簡単ですが、現実問題としては、そんなものが——究極要因 z にせよ、関数 $\alpha(.)$ にせよ、うまいこと見つかるか、あるいは構成できるかどうかが大問題です。さらには、うまいこと関数 $\alpha(.)$ が見つかった、構成できたとしても、「そこで話は終わり、それ以上さかのぼることはない、つまり関数 $\alpha(.)$ をさらに背後で支配しているような何ものかは存在しない、そんなものについて考えることには意味がない」と言い切れなければ、それは「社会変動の一般理論」として完結しないはずなのです。

社会問題研究と構築主義アプローチ（1）

これまでの検討を踏まえて、今日の社会学にとっての課題構造の提示を試みましょう。

構築主義アプローチへ

経験的実証科学としての社会学のコアには、主として対面的な、調査対象となる社会的状況（特定の地域コミュニティや、ある種の社会問題など）の当事者たる人々との双方向的なコミュニケーションを踏まえた、インタビューやフィールドワークによる実態調査、いわゆる「質的調査」が位置します。そこでの眼目は、調査主体たる研究者が前もって立てた仮説と、当事者が自らの置かれた状況について持っている理解＝「素朴な社会学」とをすり合わせて、自らの仮説をアップデートしていくこと、あるいは共同で当該状況についての適切な理論を構築していくこと、です。デイヴィドソンふうの言い回しを使えば、双方の先行理論を持ち寄り、すり合わせの中で当座理論が形成され、それがある程度洗練されて落ち着けば、さらなる研究のための仮説として新たな先行理論となる――という過程になります。

この「他者の合理性の理解」のプロセスが、一方的な観察によるものではなく、調査対象と調査主体との間のコミュニケーションを通じたものであった方がよい――そしてとりわけ社会学においては、そうでなければならない理由は、社会学の主たる関心が、ひとつには人間社会の多様性、とりわけその中での人々の価値観や感性の多様性であり、いまひとつは近代社会以降の、社会変動――人々の価値観や、人々を結び付け共存させる制度的枠組み、あるいは人々の間での富や社会的地位の分配構造の変化の激しさを理解することだからです。そしてこうした考え方の延長線上に我々は、いわゆる「社会問題への構築主義アプローチ」や、さらには「新しい社会運動」論を置いて理解することができるでしょう（構築主義についてはSpector and Kitsuse［1977=1990］、赤川［二〇一二］を参照）。

「社会問題への構築主義アプローチ」はもちろん、インタビューやフィールドワークのさいに利用される研究枠組みでもありますが、調査対象とのコミュニケーションが不可能な、過去の歴史的素材を用いての事例研究のさいにも威力を発揮します。そして「社会問題への構築主義」とはまさに当事者の「素朴な社会学」に照準するアプローチの典型と言えます。平穏な日常生活の中での「素朴な社会学」は、当事者のレベルではかなりの程度無自覚で無意識的なものであり、その合理的再構成にさいしては、研究者による積極的な解釈、読み込みが多く必要となるわけですが、当事者の「素朴な社会学」がそれとしてきわめて自覚的に体系化されるケースが、社会問題をめぐる経験であると言えましょう。そして同様のことは、社会運動についても言えます。そもそも多くの場合、社会運動は社会問題への反応のひとつとして形成されるものなのですから。

もちろん構築主義アプローチは以上にとどまらない、もっと踏み込んだ射程を持っています。すなわち構築主義アプローチは、すでにある何らかの社会問題に対して、狭い意味での当事者、つまり問題を身に被る人々から政策担当者、傍観者、研究者などさまざまな立場からさまざまな解釈がなされうる、というところにとどまるのではなく、むしろ解釈枠組みが先行する、つまりある立場からのある認識枠組みによって認識され、それが言語化されて広く社会に共有されてはじめて、「社会問題」は成立し存在するようになるのだ、というところまで主張します。これが社会問題の社会学的分析から離れて一般化すると、社会的なものの哲学的存在論・形而上学にまで話が及びかねないのですが、ここではそこまでは考えません。ここでは穏健に「同じ物事に対してさまざまな立場からさまざまな解釈がなされうるのであり、その物事を『社会問題』と認識し、そう語る立場があり、その語りが広く公的に共有されてはじめて、それは『社会問題』となる」くらいにしておきましょう。

伝統的な社会問題研究——資本主義社会の矛盾

そもそも「社会問題」とは、「問題」というくらいですから、解決されるべき何らかのトラブルという含意があります。何らかの基準で測って「望ましくない」あるいは「正常ではない」状況に社会（のどこかの誰か）が陥っており、それを解決する、よりり「望ましい」「正常な」状態に持っていこうという意思があってはじめて、ある出来事なり状況なりが「社会問題」と認識されうるのです。しかしながら伝統的な社会問題研究においては、その語りの主体たる研究者なり運動家なり政策担当者の視点が絶対化され、客観的な事実と社会問題が無媒介に等置されるきらいがあった、と言えましょう。とりわけ影響力があったのはやはりマルクス主義であり、それを意識しそれをライバルとするほかの社会主義・社会改良主義の運動・政策の諸潮流でした。二〇世紀前半頃までの「社会問題」の中心は「貧困問題」であり、さらにその基盤には「労働問題」「階級闘争」が読み込まれていたわけで、そのような社会問題に対峙するものとして「社会政策」があり、また「社会主義」があったわけです。

単純に言えば古典的なパースペクティヴのもとでの「社会問題研究」とは、「社会問題」の本質をいわば資本主義社会のメカニズムのはらむ矛盾として捉えます。それゆえに、社会問題の中心は、資本主義社会のもとでの格差の拡大、そのもとでの大衆的貧困、階級対立だ、ということになります。もちろん貧困と不平等、労働問題を、その根本要因としての資本主義の経済体制そのものを解体し、社会主義へと変革することによって克服しようというマルクス主義と、貧困や格差を「病理」「逸脱」と捉え、体制変革ではなく部分的な政策的介入によって対応しようという、多くの社会政策・社会事業関係者との間の違いは小さくはありませんでしたが。

つまりそこでは社会問題は、労働問題、貧困問題を中心とし、ほかにもさまざまな社会問題があるとしても、それらの派生態、二次的なものと考えられます。女性の問題、性差別の問題にせよ、あるいは多人種・多民族社会における差別の問題にせよ、資本主義社会の根本的な対立としての階級対立に比べれば二次的なもの、とされます。犯罪や非行の原因も、究極的には階級対立や貧困に求められます。

社会問題研究と構築主義アプローチ（2）

新しい社会運動

このようなパースペクティヴの出現それ自体が、近代史の中で画期的だったこと、マルクス主義やそれ以外の社会主義や社会改良運動によって、貧困や犯罪を個人的な不幸や逸脱としてではなく、社会的な構造や趨勢によって引き起こされるマクロ的な問題だと捉えることが、一九世紀後半にようやく可能になったことの意義を否定することはもちろんできません。しかしこの枠組みは、社会問題の多様性を十分に理解することができないものでした。ところが二〇世紀後半の社会の現実の展開、とりわけ先進諸国における高度成長とそのもとでの福祉国家の発展は、絶対的な生産力の高度化によって貧困を緩和し、さらにその成果を労使が分け合う「階級闘争の制度化」によって古典的な労働問題、社会全体の多数派を苦しめる大衆的なレベルでの「貧困問題」を陳腐化させました。代わって前面に出てきたのが、貧困問題でも大衆的な貧困というよりは例外的な少数派、マイノリティの貧困問題であり、その背後にある人種・民族差別の問題であり、あるいはやはり階級対立図式から抜け落ちた性差別の問題であり、あるいはそうした人間社会内部の対立の問題とは位相を異にした、人類社会とそれを取り巻く自然環境との対立とも言うべき「環境問題」でした。そのようなさまざまな社会問題はいずれも固有の原因を持っており、決してその原因を「資本主義社会の矛盾」に還元することができるようなものではありませんでしたし、それに取り組むさまざまな「新しい社会運動」も決して、階級対立の克服を目指す社会主義や古典的労働運動のヘゲモニーのもとに置くことができるようなものではありませんでした。つまり「新しい社会運動」とは、かつての「社会主義という社会運動」（そしてまた非社会主義的なものを含めての労働運動その他の貧困を主題とした社会運動）が、「貧困問題」「労働問題」に取り組む運動であったのに対して、二〇世紀後半に浮上した、それ以外の「新しい社会問題」に取り組む運動として台頭してきたものだったわけです。そう考えると、アカデミックな社会学における「新しい社会運動」研究と、「社会問題への構築主義アプローチ」との同時代的並行性のみならず、深い実質的な関係は明らかです。なんとなれば、多様な「新しい社会運動」の勃興は、客観的な現実のレベルでの多種多様な社会問題の噴出のみならず、それらを「社会問題」として捉える多種多様なパースペクティヴの噴出をも意味しているからです。

社会運動としての社会学

いや厳密に言うと実際にはそれに先立ち、すでに二〇世紀初頭におけるアカデミックな社会学の勃興それ自体において、英語なら単数形の「社会問題（The Social Problem）」から複数形の「(さまざまな) 社会問題（Social Problems）」への問題設定の移行は起こっていたのだ、とも言われます（Schwarz［1997］）。あとから振り返れば、二〇世紀後半における「構築主義」の定式化は、二〇世紀前半の社会学者たちが（どの程度意識してか、あるいは無自覚にかはともかく）事実上やっていた――自分たちの主体的問題意識によって選び出した「客観的」な問題を研究していた――ことを、自覚的に明示化した、というだけのことなのかもしれません。さらに言えば二〇世紀初頭における社会学の制度化は、社会改良主義、社会事業と切っても切り離せないもので、当時は社会学それ自体が一種の社会運動だったとさえ言えそうです。その後社会学は独立してニュートラルな学問としての体裁を整えることに熱心となり、社会改良運動や隣接科学としての社会福祉学との近縁性を隠すようになるか、あるいは忘却していくのですが。

切実さゆえのわかりやすさ

もちろん「社会問題への構築主義アプローチ」は、ウェーバーの言う「理解社会学」の延長線上にあります。ただしこのアプローチにおいては「他者の合理性を理解する」という課題がある意味ではたやすく、かつその切実性が明らかであるところに妙味があります。ここで理解しようとする他者、調査対象とは、ある問題を被り、そしてそれを解決しようとする当事者なので、自覚的に洗練された問題意識を備えているはずだからです。むしろ研究者の方が、それに呑まれて自らの立場を見失うことに警戒した方がよいくらいでしょう。研究者の問題関心はさまざまであり、実際には当の社会問題の解決にコミットしていることもありえますが、それでもアカデミックな実証科学の営みとして研究が行われている場合には、実践的な解決志向とは別に、あるいはそれに先立って、ある種の相対主義――個別の社会問題の個性認識のみならず、それをほかの社会問題と比較し、多種多様な社会問題（として誰かに受け止められるような出来事）の生起、それらを「社会問題」と受け止める視点・立場それ自体の多種多様性を見ていこうとする姿勢――がなければならないはずだからです。

とはいえこのような「切実さゆえのわかりやすさ」は「社会問題への構築主義アプローチ」の利点ではありません。その利点は、いまここでの対面的・コミュニケイティヴな質的社会調査ではない、生きている調査対象当事者と直接のコミュニケーションをかわすことができない歴史的研究において発揮されると言えるでしょう。歴史研究においては厳密な意味で、あるいは普通の意味で「何かあれば相手が教えてくれるようにしておく」ことはできません。「史料との対話」における「対話」とはあくまでも比喩的なものでしかありえません。それでも当然のことながら、問題意識を持って自分なりの社会認識を自覚的に構築している「他者の合理性」の理解は、比較的容易であるはずです。ミシェル・フーコーに触発された「言説分析」（たとえば Foucault［1975＝1977］）、さらには「知識社会学」とはこのような問題意識を持って、過去の文献からその時代の「素朴な社会学」を再構成して現代へとつないでいく作業としての側面を持ちます。このような過去との「対話」は、同時代人との対話とは異なり、史料が直接研究者に何かを教えてくれることは期待できませんが、研究者の現在とは遠くはなれた、異質な世界の異質な認識をくみ取ることによる異化効果を期待できます。

さて、以上のように「質的（定性的）研究」の主眼を「調査すべき項目を選定すること」に求めるとするならば、そこにこそ社会学の「極意」とまでは言わずとも、ほかの社会諸科学と比較したときの顕著な特徴、社会学ならではのアイデンティティというものが浮かび上がってきます。それはある意味で、社会学の人文（科）学性を明らかにもします。すなわち、社会学の中核に対面的・コミュニカティヴな質的社会調査を置くということは、社会学の中核に人文（科）学的な「意味理解」を据えるということにほかならないからです。「他者の合理性を理解すること」とは要するに、他者の抱いている信念や意図や動機、その背後にある世界認識や行動の論理を理解することにほかなりません。言うまでもなく構築主義やフーコー的言説分析も意味理解・解釈の作業です。

社会学にとって「機能」とは何か？

「機能」とは何か

また我々はこのような観点から、社会学における「機能主義」の意味もあらためて確認することができます。

「機能（function）」という言葉はそんなに難しいものではありません。ご存知のとおり“function”なる語は数学だと「関数」と訳されますが、それは措いておきましょう。「機能」ないし「機能主義（functionalism）」という言葉はいろいろな学問分野で用いられ、そのたび微妙に異なる意味合いを帯びることがあるので注意した方がよいですが、大体において工学、機械工学での意味を基本に考えておけばよいでしょう。

機械工学の文脈では、たとえばある機械の機能とは、その機械を人間がある日的、ある仕事を達成するための道具として用いるときに、その目的の実現、仕事の達成に対するその機械の貢献、役立ち具合のことです。機械の部品の機能とは、そうした機械の機能に対して、さらにその部品がどのように、どの程度貢献しているか、です。逆にこの人間（と機械）がしている仕事が、より大きな組織の分業体系の一部をなしている場合には、今度はこの人間―機械系（human-machine system）が、全体としての組織において果たしている機能が問題となるわけです。

「機能」概念が頻繁に用いられるいまひとつの領域としてすぐに思いつかれるのは生物学です。生物を、自己の生存と、自己の遺伝子の継承者を増やす――繁殖するという目的を果たすべくできている機械とみなし、その目的への貢献によって、生物個体を構成する器官の機能や、あるいは進化生態学のレベルだと、個体の個体グループに対する機能とか、あるいは個体レベルの性質や行動の、遺伝子に対する機能（このへんについてはいろいろ問題含みであり、たとえば古典たるDawkins［2016=2018］を参照してください）などが論じられます。「どうしてこのような性質を備えた生物が存在しているのか？」という問いを立て「この性質がこの生物がその生息環境の中で生き延び、繁殖していくにあたって何らかの意味で役に立っているからではないか？　ではその役立ち方＝機能とは？」というわけです（機能についての哲学的考察としてはたとえば長坂［二〇一四］）。

社会学における「機能」概念

社会学における「機能」概念も、同様の用いられ方をしています。人間の社会の中には、意図的に構築された一種の機械としての組織というものがあり、そこでは組織の機能であるとか、あるいはその組織の中での特定の職分の機能について、ほとんど機械工学と同じような仕方で問うことができます。しかし「機能」概念のより基本的な使い方は、生物科学におけるそれの方に似ています。すなわち、それこそスミスの「見えざる手」のように、意図的になされたり作られたりしたわけではないものごとの、社会にとっての「機能」について考えるための概念装置です。社会学におけることのような意味での「機能」概念は、文化人類学から引き継がれたものです。

工学的な「機能」概念は要するに意図的、意識的な目的—手段関係のことと言ってよいのですが、生物学的な「機能」概念はもちろんそのようなものではありません。それは意図的に設計されたものではなく、だいたいにおいて進化的な適応の所産です。では社会学的な「機能」はどうかと言いますと、これが厄介です。意図的に設計され構築された組織において、ある職位なり規則なりが、設計意図どおりの効果を発揮している場合（これは経営組織論だけではなく、社会契約論が想定する構図でもあります）には、この効果は社会学的な意味で機能的であると同時に、工学的な意味でも問題なく機能的です。しかしながら社会学においては経済学と同様、「行為の意図せざる帰結」「意図によらない秩序」に非常にこだわります。だからといって行為主体の意図的行為、意識の側面をまったく無視してしまったら、それでは経済学と変わりなくなってしまいます。社会学の社会学たるゆえんは、当事者の意識を、実質的な因果連関の中で意味を持っているものとして重視するところにあったのではないでしょうか？

「機能」の新たな意味

少し落ち着いて考えてみましょう。繰り返しになりますが、道具、機械における機能概念を基準として考えた場合、生物学的な機能概念はその転用であり、機能的な部分が奉仕する相手、目的とは人間が個体の生存や繁殖に「読み込んだ」ものです。とはいえそれは完全に人間の側の恣意的な投影というわけではないでしょう。生物に（とくに意識がないことが明らかな植物や細菌などに）普通の意味での「目的」はないでしょうが、その生存や繁殖に貢献する何か――生物学的に言えば「形質」とか「表現型」について、その貢献のあり方を我々は「機能」と呼ぶことにして、そうやって「機能」は新たな意味を獲得したのです。

生物の研究の場合、「機能」概念は、非常に素直に「この形質は、それを備えた生物の生存や繁殖に、どのように寄与、貢献しているのかいないのか？」という問いかけのかたちで使われます。では社会学では、社会の研究においては？　たとえばある生活習慣を前にして、まずは他者、観察者としての社会学研究者はそれを観察して、すでに自分が持っている理論仮説、解釈枠組みに基づいてその「機能」を解釈しようとするでしょう。ここでの問題は、往々にして観察対象である当事者も、その生活習慣に対する自分なりの解釈を持っている――意識してはいなくても、問われればそこでいろいろ考えて解釈しようとする、ということです。

未知の因子を引き出すテコとしての「機能」概念

経済学などの場合には、このような対象の自己解釈をそれほど気にはせず、基本的には研究者の側の解釈枠組みに自信を持っており、それで押し切ってしまうわけですが、社会学の場合には、すでに見てきたように、そうではありません。なぜそうなのかと言えば、必ずしも社会学者の方が経済学者などより、調査対象たる当事者、普通の人々を信頼しているから、というわけではありません。そうではなく、語弊のある言い方をすれば「自信がない」からです。社会学者といえども、量的調査においては経済学者と変わらぬ客観主義で、当事者の自己解釈などとりあえずは無視、で臨まなければなりませんが、質的調査においては、可能であれば前もって気づかれていない、こちらの理論仮説において想定されていない未知の因子を見つけ出したいのです。そのためのヒントを、調査対象たる当事者から引き出したいのです。

そこで「何かあれば相手が教えてくれるようにしておく」のかと言えば、実はそう簡単なことではありません。もちろん聞いてわかることは聞けばいいわけですが、聞いてわかるようなことは、多くの場合それほど入念な観察も解釈も必要なしにわかることです。普通は社会学者が本当に知りたいことは、当事者も十分には、あるいはまったく気づいていないような問題です。社会学者は、当事者の自己解釈を気にするし、尊重もしますが、かならずしも真に受けはしません。そのものずばりの答えではないが、ヒントになるような証言を、探り出そうとするのです。

おそらくは「機能」という発想は、そのためのテコとして使われているのではないでしょうか。まず、素朴に考えるならば、「機能」概念によって社会学者は、当事者が意識していようがしていまいが成り立っている、ある因果メカニズムを指し示します。その分析結果――しばしば「行為の意図せざる帰結」を含む、当事者により気づかれていないメカニズムの指摘――を調査対象たる当事者にフィードバックする。そうやって調査対象者の常識を揺るがそうとするのです。そんなことをして何になるのか？　別にここで社会学者は、かつてのマルクス主義者や精神分析家のように、人をして真実に目覚めさせようというおせっかいをしているわけではないのです。調査対象の社会認識、世界観を自分と同じものにしてしまいたいわけではないのです。その反対に、社会学者もまだ探究の途上にあり、探究を進めるために調査対象者の助けを借りたいのです。そのためにあえて調査対象者の認識、常識を揺さぶって挑発することによって、調査対象、当事者自身が自己の社会認識を異化し、それまでの自分とも、しかし社会学者とも異なる新たな視点に到達することを期待するのです。そうなってはじめて「何かあれば相手が教えてくれるようにしておく」甲斐があるというものです。

不可避のリスクを引き受ける

もちろんこれはある意味でひどく危険なことです。すなわち、研究者による「行為の意図せざる帰結」、気づかれていなかった機能の剔抉《てっけつ》、指摘が調査対象者に伝わり、意識化されてしまうと、それはもはや「意図せざる帰結」ではなくなってしまうでしょう。意図的に、目的をもってなされた行為の意図せざる効果が社会学者によって指摘されると、人々はそれを考慮に入れたうえで、また別のことをするかもしれない。しかしそれに対してもまた、社会学者がその意図せざる効果を……という延々と終わらない悪循環（これはもちろんギデンズの言う「再帰的近代」のメカニズムです）を引き起こす可能性を、社会学者が用いる「機能」概念は潜在させています。

それでもなお、それを承知で、見ようによってはお調子者めいたリスキーな振る舞いを社会学者はやめられないでしょう。社会への介入というリスクと引き換えに、それまで気づいていなかった未知のファクターを発見するため、そしてあわよくば、そのような未知のファクターが新たに生成する、社会変動のダイナミズムをそのすぐそばでつかまえようとするためです。近代社会においては、いずれにせよ、社会学者などいなくとも、「再帰的近代」のメカニズムが作動して、社会の基本構造はたゆみなく変化していくのです。その変化を内在的に理解するためには、対象に干渉して、その変化の共犯者となる、というリスクの引き受けは不可避なのです。

しかしこのように質的研究の中核性をあまり強調しすぎると、その反面、統計的大量観察を行う「量的（定量的）研究」は、一方では経済学や政治学、それどころか医科学や生物科学と同様の、普通の「科学」的研究として安心して行うことができる一方で、「質的（定性的）研究」と対照的に、「社会学ならでは」という色彩が薄くなってしまう。そのような印象を持たれた方もおられるでしょう。

そこで最後に、「量的（定量的）研究」の未来について、少しばかり大風呂敷を広げることといたしましょう。キーワードは、いかにも軽薄ですが「人工知能」です。

6

人工知能による社会（科）学？

混合研究法は「いいとこどり」か？

近年、「混合研究法（Mixed Methods Research）」と呼ばれるリサーチ・ストラテジーが、社会福祉学、看護学、公衆衛生学、教育学などの臨床・実践志向の研究領域を中心に、心理学、社会学を含めた人間社会科学において影響力を増しつつあります。それは「混合」というとおり、「質的（定性的）研究」と「量的（定量的）研究」の「混合」を目指したもので、とりあえずは、従来であれば少数事例に対して行われていたようなインテンシヴな、大量の質問を多面的に行うコミュニケイティヴな調査を、大量の事例に対して行い、統計的にデータ処理をする、という、言ってみれば「力押し」の技法です（入門書としてはCreswell［2015=2017］ほか）。

またこれとは別に、社会学や政治学においても、文書データの分析において新たな技法が開拓されつつあります。計算機の処理能力の向上と、それと相まって発展してきた、統計的な言語科学の発展のうえに、従来は生身の人間が実際に読んで理解することによってのみなされてきた文書資料の分析を、統計的に行おうというものです。いわゆる「テキストマイニング」の技法を中心とした計量テキスト分析のことです

（たとえば日本でよく用いられている分析ツールの解説書として、樋口［二〇一四］）。

さて、とりあえずここで問題としたいのは、混合研究法のことです。これは本当に、金とマンパワーとマシンパワーにものを言わせて、トレードオフを力押しで乗り越えた「質的（定性的）研究」と「量的（定量的）研究」の「いいとこどり」を達成していると言えるのでしょうか？　本書のここまでの議論を踏まえるならば、やや疑わしい、ということになります。

すなわち、混合研究法は、その本来の趣旨としては、本書で論じてきた質的調査と量的調査のダイナミックな分業関係を、ひとつの統一された研究プロジェクトの中で意識的に追究しようとするものです。しかしながら本書での考察を踏まえるならば、このような分業はひとつの研究プロジェクトの中で行われるよりは、それぞれに独立した研究として行われたものが、あとから組み合わされることによってなされる方が望ましい、ということになります。システマティックに進行中の量的調査のプロジェクトに対して、質的調査の結果得られた知見を途中でフィードバックする、というやり方よりは、ある量的調査のプロジェクトの成果を踏まえて、それとは独立になされた精細な質的事例研究が、新たな調査アジェンダを発見することによって、次回の量的調査プロジェクトの設計に影響を与える、といったやり方の方が、長期的には望ましいでしょう。ひとつのプロジェクトの途中で、基本的な問題意識、リサーチ・ストラテジーそれ自体に大規模な変更が起こる、ということは、決して望ましいことではありません。しかしながら本書の立場を踏まえるならば、理想的な質的研究と量的研究との関係とは、そのような根本的な書き換えを迫りかねない緊張関係です。

もしそのような、プロジェクト途中での、問題意識、研究目標の「根本的書き換え」を意図しないのであれば、混合研究法では、いかに精細な質問を大量に行い、きわめて大規模なサイズの調査項目セットを大量に得たとしても、そのさいの調査項目それ自体は、原則としては、あらかじめ固定しておかねばならないはずです。そこではやはり「何かあれば相手が教えてくれるようにしておく」ことはできない、とは言わないまでも非常に困難です。

しかしながらこれは、原則的に、あるいは究極的に、の話です。ヴァーチャルには、つまり擬似的、あるいは実質的には、「いいとこどり」が可能になりかねないのだ、それこそがむしろこれからの社会学にとって問題なのだ、と言っておかねばなりません。

どういうことでしょうか？　その説明のためには今日の人工知能を支える基盤技術である、統計的機械学習の話をしなければなりません。以下、人工知能の歴史をも振り返りつつ、ごく簡単にまとめてみます（いわゆる「第三次人工知能ブーム」のため解説文献は枚挙にいとまがありませんが、Bostrom［2014=2017］の第一章が非常に簡潔なまとめとなっています）。

統計的機械学習――おさらい

教師あり学習

いわゆる第一次、第二次の人工知能ブームを支える基本的な発想が「論理学の機械化」だと言えるとすれば、ニューラルネットワークによる統計的機械学習をベースとする第三次ブーム下の人工知能は「統計学の機械化」だと言えます。

第二次人工知能ブームにおけるエキスパートシステムが、人間が与えた膨大なデータベースと推論システムをもとに結論を下すとしたら、第三次ブームを支える機械学習のシステムは、人間が与えたデータベースをもとに、独自の推論（？）システムを作り出します。それは基本的には、昔から社会学徒にもお馴染みの回帰分析を、ちょっとばかり大がかりにやる以上のことではないのです。

正確に言えば、「大がかりな回帰分析」と呼ぶにふさわしいのは、いわゆる「教師あり学習」です。ここでは、データベースが問題と解答のセットから構成されており、機械学習のシステムは、問題と解答を最もうまく結びつける関数を回帰分析の要領で見つけ出します。人間があらかじめプログラムしておくのは、あくまでも与えられたデータを回帰分析にかける手続きだけです。それともちろん、データベース。このデータベースは問題と解答からなるわけですが、「なぜこの問題からこの解答が出てくるのか?」という手順（これが従来ならば、「問題から回答を導く推論システム」であり、第二次ブームのエキスパートシステムにおいては、人間の知識をプログラム化することによって実装されていたわけです）は与えません。これは何も意地悪しているわけではなくて、人間にもわからない、知らないからです。

「教師あり学習」の威力を、たとえば画像認識による分類を例にとって考えてみましょう。この場合データセットを、大量の動物の写真、簡単化のためにいろいろな種類の犬と猫の写真だとしてみます。写真の一枚一枚にはそれぞれ「これは犬」「これは猫」とラベルが貼ってあります。この場合、写真、画像が問題に当たり、「犬」「猫」のラベルが解答にあたります。さて、人間は（そしてほかの多くの動物も）いともたやすく画像を見ただけでその視覚情報から犬と猫を非常に正確に見分けることができますが、しかしながら、自分がどうやって犬と猫を見分けているかを、十分に理解してはいません。少なくとも、それをきちんと動くコンピュータープログラムに書き出せるほどには、自覚してはいないのです。人間はいちいち写真を見て「身体の大きさがこれくらいで、形がこんなふうで、耳がこうだから猫／犬」といったふうに特定の項目に注目して意識的に犬と猫を見分けているわけではないのはもちろんですが、あとで振り返って、「ではいったい自分はどうやって犬と猫を見分けていたんだろう」と反省してみても、自分のやっていたことを十分には理解しきれないのです。理解できていないことを、言語化すること、いわんやプログラムに書き下すことはできません。

それに対して教師あり学習に基づく画像認識による分類システムは、こんなふうにはたらきます。一枚一枚の画像は、現代ではデジタルデータとして扱えます。たとえば一〇〇〇×一〇〇〇で一〇〇万画素（今なら全然大した解像度ではないですね）の写真は、白黒写真なら、一つのドット、画素の明るさを、たとえば黒なら〇、白なら一として、その間の数値として表せます。カラー写真ならＲＧＢ、光の三原色ですから三倍で三百万画素ですね。これで一枚一枚の画像を、百万次元ないし三百万次元のベクトルとして扱うことができます。つまりここでは独立変数が百万個ないし三百万個、従属変数が「犬か猫か」というカテゴリー変数となる回帰分析（従属変数がカテゴリー変数ですから、普通はロジット回帰）を行うわけです。

そうやって、当てはまりのよい推計式を得ること（この作業を「訓練」と呼びます）ができたら、今度は得られた推計式に、解答のない問題だけのデータ、つまりはラベルのない画像を与えて、それが犬か猫かを見分けさせる、というわけです。十分に当てはまりのよい式ができれば、人間は、自分がどうやって犬と猫を見分けているのかを十分に理解することができていないにもかかわらず、機械を訓練して、犬と猫をある程度の確実性をもって見分けられるようにすることができるわけです。

「大がかりな回帰分析」と軽く言いましたが、社会学徒が普通に学ぶような回帰分析とは、たしかに桁が違うことは明らかです。サンプルのサイズ、データの量はともかく、その次元数というか、扱う変数の種類の規模が違う。普通に社会科学、いや自然科学や工学でさえ、伝統的なやり方ではせいぜい一桁、多くても二桁くらいの変数しか扱ってこなかったところに、百万とか億とかの単位の次元数のデータを扱うようになったわけです。それだけではなく、実際にはここでの分析は、百万の独立変数を一度に、直接に一つの従属変数に結びつける、ということはせずに、何段階もの回帰分析を連鎖させます。このようにたくさんの中間層をはさんだ多段階の分析を行うところから「深層学習(deep learning)」なる言葉が用いられるわけです。このようなやり方は、その基本理論自体はずいぶん前、二〇世紀中におおむねできあがっていたものの、マシンパワーが追いつかず、実用化されたのはつい最近でした。

このような統計的機械学習に対して少なからぬ人々、とりわけフィールドサイエンスにおける伝統的なスタイルの回帰分析のユーザーが抱く不安とでもいうべきものがあります。すなわち「機械学習とは結局、理論なき計測であり、根拠なき予想に過ぎないのではないか？」という不安です。

社会学者を含めて、伝統的なフィールドサイエンティストが計量分析、ことに回帰分析を行うさいには、まず理論的な考察をもとに、解明したいメカニズム、XのYに対する因果的な効果のあるなしとその程度、を表現した式を作ります。そしてそれをXとYのセットになったデータに当てはめ、最小二乗法なり最尤法なりで、最もうまくデータの構造に当てはまりそうな式を見つけ出し、かつその有意性を検定する、というやり方をとります。あくまでも式の構造、その中に登場する関数の種類、かたちについてはあらかじめ研究者が理論的な知見をもとに推測して決めておくのであって、統計的な計算の結果求められるのはあくまでも個々の具体的なパラメーターの推計値です。

たとえばY=a+bXという式を推計する場合に何が行われているかといえば、研究者はここでxとyの関係を適切に表す式として、理論的な考察をもとに、Y=exp(bX)でもなければY=ln(bX)でも、またあるいはY=sin bXでもY=1/bXでもなく、ほかならぬY=a+bXが最も適切である、と前もって推定しておきます。そのうえでデータとこの式を突き合わせて係数（パラメーター）a、bを求めます。機械的な統計処理の出番はあくまでもこの式の係数の算出であり、式の構造そのものは研究者が考えることです。

第二次人工知能ブームにおける、伝統的なエキスパートシステムもまた、このような発想に立脚していました。そこで機械に人間がプログラムして与えた推論システムとは、あくまでも現実世界の中に客観的に存在する構造、法則性（についての人間の理解）に基づいています。それに対して機械学習においては、人間が与えるのは、現実世界の中に存在する法則性ではなく、数学的な手続きだけです。

ですから、伝統的なやり方で仕事をしてきた研究者たちが機械学習に対して抱く懸念とは、つぎのようなものです。すなわち、

よくできたニューラルネットワーク、ディープラーニングは、任意の連続関数をどこまでも近似できてしまうことがすでにわかっている。だから極端な話、研究者たちが推定すべき構造方程式をあらかじめ設定することなしに、ただデータをごろんと放り込んだだけでも、そのデータの構造をもっともらしく表現しているように見える式を勝手に作り出してしまえる。しかしそのような作業に、いったいどのような科学的意義があるのか？　それはデータの、それを生み出した対象の構造、メ

カニズムについての理解を、与えてくれないではないか？
と。

統計的機械学習の落とし穴？

「過学習」

しかしこの問題は、当の統計的機械学習の専門家たちの間でもきちんと認識されており、「過学習（overfitting）」なるなんとも趣深い言葉もあります。典型的で基本的な「教師あり学習」の場合について考えてみましょう。復習になりますが、これはまず問題＝入力と模範解答＝出力（「教師データ」と言う）がセット（このセットを「訓練データ」と呼ぶ）となったデータを機械に与えて、回帰分析を繰り返すかたちで、入力と出力＝模範解答の間にうまい対応をつける式を導き出させます。そのうえでその式をもとに、今度は解答がないデータセットだけを入力して、機械自体に実際に解答を出力させる、というものでした。よくできたニューラルネットなら、機械の能力が許す限りどこまでももっともらしい式を作っていくことができます。しかしながら、やりすぎるとかえってそれは使えなくなるのです。すなわち、最初の模範解答つきの訓練データをあまりにも忠実に再現できる式では、そのデータとは別の、つまりは現実世界のデータを放り込んだときには、かえって正しい答えを出せなくなってしまうのです。

それゆえに機械学習の研究者たちも、このような「学習のし過ぎによる誤りとその結果の予測効率の低下」に注意を喚起していますが、それを回避するための普遍的な理論的基準というものは、どうやらありません。「これ以上はやりすぎだな」という判断は、いまのところ研究者、機械学習の利用者が、経験をもとに決断するしかないのです。

予測と介入

機械学習にかぎらず、回帰分析の実用面での典型的な使用法のひとつは、予測です。過去の経験から、入力Xと出力Yの間の対応関係を定式化し、そこから得られた推計式を、今度は未来に当てはめて予測に使う、すなわち、入力がxとなったら出力はyだろう、と予測するわけです。しかしそのさい、予測がうまくできると信頼できるためには、根拠がほしい、というのが普通の科学者や、あるいは技術者の考え方です。ものすごく当てはまりのよい推計式が得られたところで、それがなぜそのようなかたちをしているのかがわからなければ（機械が勝手に式のかたち自体を導き出したものであれば）、その式は問題の関係についての理解を深めてはくれません。理解ができないものは、普通は信頼できません。

さらにより重要なのは、この予測を環境についての受動的な予想に用いるのではなく、環境への介入に用いる場合です。ここで過去データにおけるXとYとの関係、強い相関がいわゆる擬似相関であり、両者の間に実質的な因果関係、作用関係がないとしたらどうでしょうか？　これまでの強い相関が純然たる偶然であれば、もちろん、この対応関係が将来も続く保証はなく、それゆえにこの推計式も予想の役には立たないことは言うまでもありません。では、XとYの背後に別の因子が存在し、その因子ZとX、ZとYの間には因果関係があって、それがXとYの相関を生み出していたとしたらどうでしょうか？　この場合にはXとYとの間の相関はたんなる偶然ではなく、確固たる理由が実在しています。ただそれが知られてはいないだけです。となれば、Zの何たるかについてはまったく未知であったとしても、XとYの相関だけを頼りに作られた推計式で、Xをもとにしての Yの予想を今後も続けても差し当たりは構わないことになります。しかしながらたんなる予想であればともかく、介入してYを操作しようという技術的実践となると話は違ってきます。この場合は本当の理由、原因を理解することなしには介入ができません。XとYの間の相関がたんなる偶然である場合はもちろんのこと、未知の因子Zによって引き起こされたものである場合にも、そこではYの変動の真の原因についての知識が欠けていることには変わりはなく、それゆえに、「Yを変化させるために何をすればよいのか？」を誰も理解してはいないわけです。たんなる予想であれば、仮に未知の因子Zが相変わらずはたらいていると仮定するならば、Xの変化をもとにYの変化を予想することは可能です。しかしながらXに手を出して変化させることによってYを変化させることは、当然にできません。本当にYを動かしている未知のZに対しての介入がそこでは行われていないからです。もちろん、予想の場合にも、将来Z因子がこれまでとは異なる挙動を示さないという保証はありません。

機械学習の時代の不安

「現象をうまく近似できるが、説明しているとは言えない」モデルへの警戒は、それこそコペルニクスの初期の地動説モデルが、伝統的なプトレマイオスの天動説モデルよりも惑星の動きをうまく近似したとは言えなかったことを思い出してみてもおわかりになるでしょう（Kuhn［1957=1989］ほか）。地動説モデルが天動説モデルを真に凌駕するには、伝統的な円軌道への固執から離れ、楕円軌道モデルにシフトすることなしにはありえませんでした。現象の近似どころか、場合によっては予測性能の向上でさえも、モデルの正しさの根拠としては不十分でありうるのです。

現象を支配するメカニズムの理解と、それに基づく対象への技術的介入の可能性を確保するためにも、たんに記述と予測の正確さを追究するだけではだめだ、という思想は、もちろん機械学習の時代以前からの、回帰分析などを用いた計量的研究を行うさいの指針としてなじみ深いものではあります。しかし機械学習の時代においてそれがさらに強調されるのは、対象の理解が不十分である、欠けているにもかかわらず正確な記述、それどころがしばしば予測ができてしまうようなモデルが、機械学習によって得られているからです。その当面の有用さに現場の研究者や技術者はしばしば幻惑されてしまいますが、ふと我に返ると、「自分たちは冬山で知らず知らずのうちに雪庇の上を歩いており、いまにも踏み抜いて転落しかねないのではないか」との不安に襲われるのです。

ただここで、以上の懸念は決して忘れられるべきではないが、その他方で、統計的機械学習が、しばしば対象の理解などというものをおよそ欠いているにもかかわらず、結果的にはそこそこうまくいってしまうことがある、という事実もあり、それ自体はたんなる偶然ではない、ということも確認しておくべきでしょう。

決定論と確率論

そもそも我々は統計学を用いて何をしているのでしょうか？　伝統的な考え方としては、統計学とは対象を認識し記述するための道具ではありますが、対象の振る舞いをモデル化するための道具ではありません。古典力学の場合が典型的ですが、対象の振る舞いは法則によって厳密に決定され、そこには確率論の入り込む余地はありません。世界は確率論的にはできておらず、決定論的にできている、というイメージを古典力学は提供します。確率論的な思考に基づいた統計的研究の出番が物理学においてあるのは、対象が確率論的に振る舞うからではなく、認識主体たる人間の能力の低さゆえです。これが古典的な考え方です。古典力学の理論自体には、確率論の出る幕はありません。

これに対して統計力学という分野、無数の分子の集まりである気体や液体の振る舞いが主たる対象となる分野においては、確率論が基本的な道具となり、そこでは分子などの対象は確率的、統計的な法則に従うものとされます。しかしながらそれが何を意味するのか、についてはいろいろな考え方がありえます。すなわち、神様であれば気体や液体を構成する一個一個の分子の挙動を決定論的に理解することができる、つまり神様は気体や液体を理解するさいにも、確率論も統計学も必要とせず、古典力学だけで十分であり、確率論と統計学で組み立てられた統計力学という分野を必要とするのは、あくまでも非力で無知な人間である、という考え方が一方ではあるのですが、他方で、そこではまさに現実そのものが確率論的に振る舞っているのだ、という考え方もまたあります。分子レベルではともかく、原子・素粒子レベルでは確実にそうだ、という考え方を、量子力学において持ち出す研究者もいないわけではありません。

頻度主義とベイズ主義

言うまでもなく人間科学・社会科学においては、ことはもっと複雑であり深刻ですが、少なくとも実践的レベルでは、人間の振る舞いは到底決定論的モデルでは描きがたい、と誰もが思ってはいます。しかしながら古典的な実証研究においては、対象の振る舞いについては決定論的なメカニズムを想定し、人間の無知（それこそ未知の因子の見落とし等）による誤差やバイアスを考慮に入れたうえでそれに接近するために、確率論を踏まえた統計的推定を行う、という考え方が主流でした。すなわち、たとえば先のY＝a＋bXという式を用いてのモデルの場合、まず基本的に対象のメカニズムがこの一次方程式で内在的に理解できている、と想定するだけではありません。ここでXが原因側でYがその影響を受けて変化する結果側だとしましょう。係数bはまさにそのXがYに及ぼす影響の強さを表すパラメーターであるのですが、伝統的な考え方（頻度主義）では、このbの「真の値」なるものがたったひとつ確定的な不変のものとして存在している、と考えます。そして無知で無力な人間には、決してこのｂそのものに到達することはできないが、統計的方法を通じて、現状の知識をもとにした、その最善の推定値を得ることはできる、とします（さらに統計的機械学習の考え方は、データのさらなる採取と計算を繰り返せば、この最善の推定値を際限なく改善していくことができる、というものです）。

しかしながらもうひとつの考え方が、ことに生態学、社会科学などのフィールドサイエンスにおいては有力となりえます。すなわち、現実それ自体が不確定で確率論的であり、ｂについても唯一の真の値などというものはない、という考え方です。この場合、統計によって推論する対象はｂの唯一の真の値ではなく、ｂのとりうる値の確率分布ということになります（いわゆるベイズ主義の考え方）。もちろんきちんとした確率論的な根拠をもとに、この真の分布にどんどん接近していくことはできます。

ベイズ主義の考え方においても、統計的推論によって真の値（この場合は真の分布）をぴたりと当てることはできません。しかしながら頻度主義とベイズ主義の間には、「統計的な推論（ここには機械学習も含まれる）はなぜ有効なのか？」という問いに対する、態度の相違を見て取ることができるのではないでしょうか。すなわち、一部のベイズ主義者の間には、「統計的推論が有効である理由のひとつは、現実それ自体が確率論的な構造を持っているからだ」という発想があるように思われます。

またヘンリー・W・リン、マックス・テグマークとデイヴィッド・ロルニックは、そもそもこの宇宙の物理的な構造が、そしてそこから由来する、我々にとって解明する意味のあるような課題が、案外単純な関数、数式の組み合わせでうまく近似できるようなものになっており、そのことがまさに、ニューラルネットワークによる統計的機械学習がそこそこうまくいってしまうことの根拠となっているのではないか、という仮説を提唱しています（Lin, Tegmark and Rolnick［2017］）。おそらくはそれは、人間を含めた高等動物の脳神経システムがうまく機能している理由と無関係ではないでしょう。むろん人工的なニューラルネットワークと、本物の生物的な神経ネットワークとがまったく同じはたらきをしているわけではありませんが、前者の着想源はあくまでも後者であり、共通する構造的特徴も少なくはないと思われます。

「擬似理由」

「擬似理由」のでっちあげ

いや、それでも、つまりは注意して使うならば、機械学習は便利な道具であるのみならず、その予測には「根拠」があると信頼できるのだとしても、やはりそれは「理論なき計測」ではないのか？　そのような不安は、以上の議論を経ても払拭はできないでしょう。そこでもうひとつ、さらなる不安を掻き立てるであろうお話を放り込みます。

先の説明での教師あり学習は、膨大な回帰分析を多段階にわたって行うようなものだ、と申しました。中間層がない、つまり独立変数＝入力層と従属変数＝出力層を直結させる最初期のニューラルネット（パーセプトロン）は、非常に限られた種類の式しか出力できなかったのです。ところがその後入力層と出力層を直結させるのではなく、間に中間層というクッションを置くこと（多層パーセプトロン）で、もっと複雑な式を導き出すことができるようになりました。

たとえば入力層で百万の独立変数があったとします。ここで次なる層、第一中間層に一万くらいの素子を置いて、そこを第一段階の中間変数とします。そして百万個の独立変数から一個の従属変数への回帰式を、一万本作るわけです。ついで第二中間層では、今度は一万個の独立変数から一個の従属変数への百本の回帰式を作る。そして最後に、この第二中間層から最終出力層に向けて、百個の独立変数から一個の従属変数への回帰式を一個作る。こういう回りくどい作業をします。しかしこの回りくどさによって、ニューラルネットは非常に複雑なシステムを近似できます。

ここでは以下のような二つの前提が置かれています。

（1）自然界を支配する法則性の大半は、連続関数でもって表現できる
（2）どのような連続関数でも、比較的単純な関数（高校までで習う程度の）の組み合わせで近似できる

前者は経験則、ないしは一種の「公理」ですが、後者は実数論を前提とするならば証明済みの「定理」です。以上の前提に基づき、複雑なニューラルネットトは、どんな複雑な法則性でも、それが連続関数で表現できるようなものならば、いくらでもどんどん正確に近似していくことができます。とは言えそれは「近似」であって、完全な再構成ではありません。何しろそこには「理解」が欠けているのですから。

しかしながらここで気になってしまうのは、中間層の存在です。人間の眼からは、この中間層の、もとの独立変数ベクトルから見るとぐっとサイズが小さくなったベクトルは、何らかの意味を持ったものに見えてしまいかねません。つまりは先の画像認識の例で言うと、人間が十分に理解してはない、人間が犬と猫を見分けている理由＝根拠にちょうど当たる何かが、中間層のベクトルによって表現されているのではないか？　つまりそれは、擬似理解をあたえてしまうことができるのではないか？　と。

これを先ほどの、混合研究法に当てはめて考えてみてください。おそらくは混合研

究法をどれだけ頑張ったとしても、そこでの調査項目＝入力ベクトルの次元数はとうてい万単位にまで及ぶこともないでしょうから、今日のコンピューターパワーにとっては楽勝です。それをディープラーニングにかけてみれば、高い精度での予測はもちろん、もっともらしい擬似理由だって列挙してくれるでしょう。数百、数千という調査項目から、調査対象者たちの行動を正確に予測するだけではなく、その行動を支配するシンプルな行動原則を表すかのように見える少数のベクトル（「擬似理由」）を、あっさりとでっちあげてくれるでしょう。

教師なし学習

このような「擬似理由」の不気味さがもっとあからさまとなるのは、「教師なし学習」の場合です。教師あり学習が「回帰分析の機械化」だとすれば、教師なし学習は「（変数空間の次元縮小という意味での）多変量解析の機械化」です。みなさんもご存知のとおり、今日日のニューラルネットならば、教師データ、つまり先の例で言えばラベルをつけた写真ではなくとも、つまりは写真を与えられただけでも、機械が勝手に適当な分類を行うことさえできるようになっているのです。つまり人間が「犬／猫」の当なラベルをつけなくとも、大量の画像をデータ化し、ベクトル空間化した機械が、適当な基準（この「基準」の重要性についてはあとで触れます）でもって、超大規模な多次元べクトル空間である元のデータ空間を、それぞれの要素間の位置関係（距離）をできるだけ保存したままで、ほどほどの――たかだか一桁程度の次元数のベクトル空間に圧縮する、というのが基本手続きです。そうすることで、要素間の位置関係がいっそう見やすくなり、距離が近いもの同士を簡単にグループ化したりできますし、あるいは、この圧縮された空間を構成するベクトルを、もとの超巨大次元空間から圧縮されたものとしてではなく、逆にもとの空間を支配する潜在的な本質のようなもの（つまりこれも「擬似理由」）のように見せることもできてしまうでしょう。

こう考えるならば統計的機械学習は、科学者たちに対して「理由抜きの予測」を可能にして見せるのみならず、「擬似理由」さえも与えてしまう、恐るべき罠とも見えてしまいます。

パンドラの箱には希望？

理論と方法論の断絶を超える？

しかし、統計的機械学習には、「理由抜きの予測」と「擬似理由」という恐ろしい罠が潜んでいる一方で、人文社会科学にとっての（大げさに言えば）新たな希望、とでも言うべきものを見て取ることができるのではないか、と私は考えています。それは何かというと、機械学習のアプローチ、とりわけベイズ主義的なそれにおいては、我々は、これまでの計量社会科学とは異なり、理論と方法論の断絶を超える可能性、あるいは対象のメカニズムの内在的な理解と、対象の外側からの測定の間の断絶を超える可能性を、そこに見出すことができるのではないか、ということです。

伝統的な人文社会科学では、理論と計測は別個の作業でした。数理経済学と計量経済学とは、周辺的なトピックの共有は当然あったとしても、基本的にはまったく別の学問でした。社会学においては数学に明るい人材自体の不足ゆえに、数理社会学と計量社会学の兼業はよく見られる事態でしたが、やはり内容においては両者は別個の領域でした。しかしいまや統計科学が自らの立場を「学習」と名づけていることに注意しなければなりません。機械学習の発展とともに統計科学は、統計的推論による対象への接近を、「学習過程」と位置づけるようになっています。言い換えるならば、統計的推論は、不確実な世界の中での、合理的主体による、試行錯誤を通じた学習過程として理解されるようになっています。それに対して数理社会科学の方ではどうでしょうか？　そこでも我々は社会を、試行錯誤を通じて学習する（主体間のコミュニケーションもまた学習の一種と解釈できます）合理的主体間のネットワークとしてモデル化することが多くなっているのではないでしょうか？　おそらくはベイズ主義を持ち出さなくとも、頻度主義の考え方をとったとしても、そもそも統計的推論という作業の根幹に「学習」を見て取ることは可能であるはずです。ではそもそも「学習」とは何か？

最適化としての学習

機械学習においては、というより統計的推測においては、あくまでも対象の値を直接に求めようとするのではなく、ただ近似しようとするだけです。しかしながら問題はこの「近似」です。対象の値を厳密に求めることだけが問題であるならば（「論理的推論の機械化」であった古典的な人工知能の考え方はこれに近いとも言えますが）、問題となるのは当たりか外れか、だけですが、「近似」の場合は違います。「近似」の場合は言ってみれば全部「外れ」なわけですが、その外れ具合には程度の差があり、一番外れ具合が少ない「近似」を探すのが、統計的推論です。この「近似」の度合い、「近似」の善し悪しを評価するための基準としての「目標関数」が設定され、その目標関数を最適化する（たとえば最も初歩的な最小二乗法の場合は、誤差の二乗の総和が目標関数となり、その最小化を目指す）、というのが統計的推論という作業です。

つまりそれは一種の最適化であるわけです。統計的推論は目標関数を最適化しようという主体にしかできません。頻度主義の立場をとってもここまでは言えるでしょう。そしてベイズ主義の場合には、この最適化が明示的に、推論主体による学習過程として定式化されるわけです。そして科学哲学の隆盛の中で、一時期非常に評判が悪くなった帰納的推論も、このような統計的推論の一種として、つまり複数事例の一般化は単純な法則定立というより、延々と続く「近似」のプロセスとして捉え直されます。かつて論理実証主義の全盛期からそれへの批判が行われた時代の科学哲学では、『たくさんの事例からの帰納による一般化によって法則性を導き出す』という帰納法の立場は素朴すぎる、法則性はあくまでも研究主体の側が積極的に、ただし客観的真理としてではなく暫定的な『仮説』として提示することができるだけだ」と論じられて、帰納法の評判はすっかり落ちてしまいました。しかし帰納的推論をベイズ的な学習過程と再解釈することによって、「たくさんの事例の一般化から普遍的な法則を導き出す、という考え方は素朴すぎるとしても、適切な帰納的推論を繰り返していけば、もしそこに客観的な法則性があるとしたら、それを近似していくことならできる」という考え方が可能となったわけです（帰納的推論の問題について長らく考えてきた哲学者からのこうした捉え返しとして Harman and Kulkarni［2007=2009］を参照）。

試行錯誤する機械を試行錯誤しつつ使う

もちろん、ここで「最適化の具体的な、あるいは実際の主体とは誰か、あるいは何か？」と真面目に問うならば、少なくとも当面は「機械学習のシステムを道具として使う人間」としか答えようがありません。もちろん通常の、そのメカニズムを十分に理解して作られ、用いられている（仮に直接の使用者自身はメカニズムについて無知であっても、開発者や設計者、そこから連なる実地使用の伝統を信頼している）ような機械とは異なり、機械学習のシステムにおいて直接理解ならびに理解に基づく信頼が及ぶのは、その学習機能についてのみであり、学習の結果それが導き出した推計式については多くの場合理解が及ばない、というのは、近代以降の工学技術の歴史の中では、やや新奇な事態です。しかし、こういう言い方は卑怯かもしれませんが、近代科学の確立以前から、人間は体系的な理解を通してではなく、経験に基づく試行錯誤を通じて、たくさんの道具や、場合によっては機械と呼べるものをも製作し、使用してきました。歴史的に見れば言うまでもなくそちらの方が先行し、体系的理解に基づく製作と運用の方があとからやってきたのです。

もちろん機械学習との付き合いを、たんなる先祖返りに還元することはできません。アナロジーを用いたいならば科学革命、産業革命以前の道具・機械より、バイオテクノロジーを利用して作られた、ある種の遺伝子組み換え生物の方がまだしもかもしれません。いずれにせよ、人間が意図的に作り出したにもかかわらず、必ずしも思いどおりに制御できるとはかぎらず、その固有の特質、癖を試行錯誤で少しずつ理解しなければ使えない、道具だとしてもそういう厄介な道具です。むしろ人間が細かいところまで作りこまなくとも、勝手にいろいろやってくれるところこそが、その強みなのであり、利点とリスクは背中合わせです。非常に乱暴に言えば機械学習技術を使うとは、「試行錯誤する機械を、試行錯誤しつつ使う」ことにほかならないでしょう。そして試行錯誤を通じての探究とは、一種の最適化、目的の追求にほかならないわけです。陳腐な言い方をすれば、きわめて人間的な、いや本書の文脈で言えば「合理的主体性」の発揮そのものでしょう。

社会科学の本質とは

経済学、ゲーム理論を典型とする、フォーマルモデルを用いる理論社会科学においては、もちろん、合理的主体性を備えた行為者たちの行動、相互関係を、数理的に計算、シミュレートし、可能であれば均衡解を求めようとします。しかしながらそこでの計算自体は、必ずしも最適化である必要はありません（そうである場合ももちろんありますが）。問題は正確な解を求めること、あるいは解のあるなしだけを、厳密に論理的に判定することを目指します。論理的に厳密な推論こそが問題となっているとすれば、そこには「誤差を何らかの基準で測って最小化する」といった最適化の発想の必要は必ずしもありません。繰り返すと、そのような研究では、最適化を行う主体の振る舞いを、最適化ではないやり方で計算しているわけです。それに対して、繰り返しになりますが、合理的主体性のモデルに則った社会科学の計量的な実証研究においては、最適化を行う主体の振る舞いを、最適に近似する、という営みが行われているわけです。すなわち、合理的主体の振る舞いを別の合理的主体が、たとえ一方的な観察であって、コミュニカティヴなやりとりがそこには不在であったとしても、合理的主体ならではのやり方で追跡しているのです。

そして先に見た対面的・コミュニカティヴな質的社会調査は、合理的な主体である（と想定される）研究対象の振る舞いを、合理的な主体である（ともって任じる）研究者が、自らの合理性をテコにして（「合理的ならこう振る舞うだろう」と予測し、あるいは「こちらは相手のことを理解したいのだ、とこちらの行動原理を相手にわからせて、協力をとりつけよう」と画策し、というふうに）理解しようとしています。それは逆に調査されている研究対象の側からも、調査者の行動原理を理解しそれに対応しようという営みを誘発せずにはいないわけです。

このように考えるならば、人工知能、というより統計的機械学習技術の意義をあえて前向きに受け止めることは、もっぱらそれによる情報処理効率の桁違いの向上、からのみ可能であるわけではなく、社会学——とは言わないまでも社会科学の本質についての深いレベルでの再考を、我々に強いるという面においても可能なのだ、と言ってよいのではないでしょうか。

人工知能の未来?

そして最後に、もうひとつだけ付け加えておくべき論点があります。もしも人工知能技術がさらに進み、現在のようにそれが行っている最適化計算の基準、目標関数が、開発者にして利用者たる人間が外から与えたものであることをやめたならば、すなわち、人工知能機械が自分を維持するために十分な仕事を評価するために必要な目標関数と、それを達成できるだけの能力を手に入れたなら、どうなるでしょうか? それは多分、人間その他の多くの生物と同様、自律した行為主体(autonomous agent)と呼びうるものになっているでしょう。さて、そのような機械が、先に述べたような大規模な統計的推論を実行し、精査した膨大で複雑なデータ空間の中から、比較的シンプルな潜在構造のようなものを見つけ出したとしたら、それをどう評価すればよいでしょうか? それは相変わらず「擬似理由」のままでしょうか?

おそらくそうではありません。問題のシステムが自律システムになっているのであれば、それはもはや「擬似理由」ではなく、真正な意味での「理由」と呼ぶべきなのです。なぜか? そのシステムが近似計算の結果取り出したシンプルな構造の解釈が、もっぱら人間に任されるのであれば、人間は機械が具体的にどうやってその構造を導き出したのか理解できないのですから、それは「擬似理由」でしかありません。しかしながら、機械がいったん自律してしまうならば、そして自律した以上、人間に一方的に操作されるのではなく、コミュニケーションを取り結ぶようになったのであれば、話は違います。では、どこがどう違うのか？

最大のポイントは、人間の方から「では、その中間変数だか潜在因子だかは、いったい何を意味しているのか？」と機械に対して問うことができるようになった、ということです。機械が自分でそのことの意味を理解しているかどうかは、この際問題ではありません。おそらく機械の場合には人間とは異なり、自分がやった計算の細かいステップ自体は細大漏らさずモニターし、記憶しておけるでしょうから、どうやって、いかなる計算を通じて、その「（さしあたりは）擬似理由」にたどりついたのかは容易に説明できるでしょうが、はたしてそれがどのような意味を持っているのか、つまりそうやって見出されたものは客観的な実在的根拠を持っているのか、それとも見かけだけのものなのか、実在しているとして、はたしてどのような機能を果たしているのか、について説明できるかどうかは別です。機械の方でも、人間と同様、自らが見出した、あるいはでっち上げたものの解釈に困るかもしれません。しかしながら、人間の方ではそんなこと知ったこっちゃありません。もはや人間が使う道具ではなく、自律した他者となった機械に対して、人間の方は理由を問いただすことができるのです。「私には君が何でそんな答えを出したのかわからないけど、君にはわかるんじゃないのか？　どうなんだい？」と。そして機械の側には、それに対して答える義務、とは言いませんが責任が生じます。そうなればこれはもはや「擬似理由」ではなく真性の理由です。ただし人間ではなく、機械にとっての。

実際問題として、すでに見たとおり、人間だって自分がどうやって犬と猫を見分けているのか、厳密にはわかりません。でも他人から問われてみれば、自分でその理由を延々と考え、少しずつ見つけ出すことはできます。「理由」とはそうやって見出されるものでしょう。

このとき起こっていることは言うまでもなく、人工知能が社会科学の道具であるにとどまらず、社会科学の対象となり、また主体ともなっている、という状況です。はたしてそれが実際に到来するのはいつのことになるのか、あるいは永久に来ないのか、はまだわかりませんが……。

7

エピローグ

社会学の道を歩むには

軽くマッピング

ここまでわりと好き勝手に書きましたので、あとはこれから社会学を学ぼう（そして研究者になるか、あるいは真面目に勉強して仕事や趣味に役立てよう）という方のために、いくつかのアドバイスをしていこうかと思います。

社会学内での分業

現代の社会学の中核は、原理論、一般理論よりも対面的・コミュニカティヴな質的社会調査である、と申し上げました。これはもちろんみんながみんなこれをやらなければならない、ということをもちろん意味しません。社会学に関心があり、かかわろうとするみんなが、そこに相応のリスペクトをしておかなければならない、ということです。もちろん社会学の学位をとろうとか、社会調査士の資格をとろうとかいう方は、大学なりその他の教育機関での実習程度の経験は積まれるべきかとは存じます。いずれにせよ、自分でできるようになるかどうかはともかく（いろいろな事情でどうしてもできない、でも社会学をやりたい、という方がいても当然です）、それがどういう営みか、についての大雑把な理解を持ち、その成果を鑑賞できるようにはなっていなければなりません。

「質的社会調査が社会学の中核である」ということはもちろん「それさえやっていればいい」ということはまったく意味しません。その正反対に、何のために質的社会調査が行われなければならないのか、をきちんと意識しておかねばなりません。社会学全体の分業関係の中で言うならば、その主たる任務は「新しい調査項目を選び出すこと（できれば既存の社会学研究者共同体が予想していなかったような問題を、調査対象となる当事者から教えてもらうこと）」です。この目標は対面的・コミュニカティヴではない、文書資料・歴史的資料を用いる質的事例研究や、量的研究においても、とりあえずありとあらゆる思いついたデータを集めて潜在パターンを探ろうとする探索的多変量解析、あるいは近年のテキスト・データベース、コーパスの充実とコンピューターによる自然言語処理によって可能となった計量テキスト分析などにおいても、共有されています。そして、重要度が高いと判定された調査項目については、より慎重な因果推論を実施する。その場合、因果分析の重心は、統計的因果推論に置かれるが、事例が少ない場合の定性的研究においても、複数事例の比較、あるいは「定説」と未知の新事例との比較といったかたちで比較研究が行われ、反事実的推論が可能になるのであれば、因果分析としての意義を持つ。――大体このようなかたちで「質的（定性的）研究」

と「量的（定量的）研究」との分業関係を理解することができるでしょう。

他の学問領域との分業

ここまで考えますと当然，社会学内での分業のみならず，社会学と隣接諸領域，ほかの社会科学や人文科学，さらには工学や自然科学との分業関係についてもある程度の見通しを持っておくことが望ましいことは言うまでもありません。

まず言うまでもなく質的調査における「他者の合理性の理解」においては，哲学的な意味論・行為論・コミュニケーション論が踏まえられています。実のところ社会学理論の歴史においても，それこそマックス・ウェーバー以来「行為論」は中核的テーマであり，かのタルコット・パーソンズの最初の大著も『社会的行為の構造』（Parsons［1949=1976〜1989］）であって，パーソンズはそこから積み上げて社会システム論，さらにはシステムの一般理論までを構想していたわけで，行為理論とシステム理論の統合はよく論じられるテーマでした。ところがこの流れはパーソンズの没後，彼の構想を引き継ぐ構造機能主義の社会システム理論構想もろとも姿を消し，以降はわずかにコミュニケーション論のみが社会学の面目を保つ，というありさまでした。しかしこの方向も，ニクラス・ルーマンによるコミュニケーションを基本単位とした社会システム論構想（Luhmann［1992=2003］ほか。なおルーマン理論についての包括的研究としては長岡［二〇〇六］）などの突出した例外はありましたが、だいたいにおいては、洗練された理論モデルの構築よりは、行為のミクロ的な分析、いや分析に先立つ正確な記述の技法を発展させる、という方向において、より生産的な成果を生んだと言えます。それがエスノメソドロジー、とりわけ会話分析です。会話分析とは、日常会話をただたんに文章化するのではなく、言い澱みや呼吸、間なども含めて正確に、体系的に記述するシステムを構築し、それを踏まえて人々の社会的な営みを分析していこうとするものです。従来は会話の録音データを駆使しての会話分析が先行して多大な成果を上げましたが、近年では動画データや画像認識技術なども動員し、言語学のみならず心理学や身体運動科学（労働科学、スポーツ科学等）などとも協力しての、より総合的な行為・行動分析に発展しつつあります（エスノメソドロジーについては前田・水川・岡田編［二〇〇七］）。

その一方で二〇世紀後半における行為の理論的研究を主導したのは、社会学よりむしろ哲学であり、それが言語学や人工知能などの関連分野に引き継がれています。たとえば本書で踏まえられているデイヴィドソンのみならず、ジョン・L・オースティン（Austin［1962=1978］）からジョン・サール（Searle［1969=1986］）へと引き継がれ、さらに言語学にも継承された言語行為論、あるいはやはり本書でも論及したポール・グライスの会話の理論（Grice［1989=1998］）を踏まえて開発され、今日の言語学における

「語用論」と呼ばれる分野の標準理論のひとつとなったダン・スペルベルとディアドリ・ウィルソンの関連性理論（Sperber and Wilson［1995＝1999］）などがあります。社会を射程に入れた研究としても、行為論と心の哲学の延長線上で共同行為、さらには社会的制度の哲学的研究が二〇世紀末以降展開してきており、『コミュニケーション的行為の理論』（Habermas［1981＝1985～1987］）以降のユルゲン・ハーバーマスの研究はもとより、サールも社会存在論に取り組んでいます（Searle［2010＝2018］）。またデイヴィドソンの弟子のマイケル・ブラットマンの意図の理論（Bratman［1987＝1994］）は、人工知能におけるＢＤＩ（信念・欲求・意図）論理に引き継がれ、合理的主体の論理学、ならびに複数の合理的主体が協調する分散人工知能、マルチエージェント・システムの研究のための基礎的道具立てとなっています（東条［二〇〇六］、加藤・高田・新出［二〇一四］ほか）。

マルチエージェント・システムの研究として先行しているのはもちろん経済学がリードしてきたゲーム理論であり、現代では計算機科学・人工知能や生物学、心理学、社会心理学、社会学からの参入もさかんです。ゲーム理論における合理的主体性の用いられ方は、言ってみれば「何を目標とし、何を利用できる資源／受け入れなければならない制約として勘定に入れているかは所与としたうえで、そのもとで目標関数を最適化する主体」の組み合わせとして社会現象を分析しようとするものです。それに対して社会学では、もちろんこうした研究も行われますが、質的研究を軸に「一口に合理的主体とは言っても、何を目標とし、何を資源／制約としているかは多種多様である」ことの理解に重点が置かれるわけです。ただし社会学においてもこうした、主体の性質を一定としたうえでの相互作用が分析されることはあり、その場合は経済学・政治学・社会心理学などと同じ土俵で争うことになることは確認しておきましょう。

量的研究においても、ほかの社会諸科学や行動科学との境界線はあまり意味を持たなくなってきています。近年とりわけ重要であるのは、混合研究法を含めての、医学・看護学・公衆衛生学などとの協働です。大規模な集団を、その社会生活から衛生状態、自然環境まで含めて長期的に追跡する研究を行うにさいしては、大量の予算と大規模なマンパワーを導入し、長期的に安定した研究組織を構築しなければなりません。このような研究を行うにあたっては、臨床治験や公衆衛生政策策定のために、大規模な調査研究を実施してきた保健医療セクターの経験が参考になるだけではなく、逆にこうした保健医療セクターのプロジェクトに対して医療社会学・社会疫学的な観点からの貢献を意識して、社会学研究者も積極的に参加していくべきでしょう。

生存戦略？

基本的スキルを身につける

以上のような状況を踏まえたとき、これから社会学を学ぼうという若い人たちは、どのようにアプローチしていけばよいでしょうか？

まず確認しておくべきは、自然科学系、工学系では日本でもすでに前世紀末からもうそうなっていましたけれども、人文社会科学の領域においても、既存の知識の勉強にとどまらず、オリジナルな仕事、新しい知識の生産という意味での「研究」の開始は、実質的にはもう大学学部四年の間には、よほど才能と馬力と運に恵まれた人以外には不可能である、ということです。

一昔前には、卒業論文ですでに自分のテーマを定めて、そのテーマを名刺代わりに大学院に進学し、修士論文を最初の本格的な業績として、博士課程に入ったときにはもういっぱしの研究者面をする——ということが可能でした。しかし現在は、状況はもうちょっと苛酷です。すなわち、大部分の学生は、大学院修士課程に入った段階では、まだまだ訓練が不足しており、基礎学力をつけるために教育を受けなければならない一方で、同時にそこそこオリジナリティのある修士論文の執筆も迫られる、という非常に厳しい板挟み状況に置かれます。

学部の卒論の段階では、自力で考えて研究した成果であれば、「車輪の再発明」でも許してもらえる場合もあります。しかし修士論文ではもうそれは通りません。それをもとに、きちんと査読付きの学会誌に投稿できるようなオリジナリティを要求されます。

しかしながら学問というものは当然のことながら、オリジナルな研究を生産するためのその前提として、若い学徒に、膨大な先行研究の成果を吸収するだけではなく、今日の研究に必要な基本的スキルを、好むと好まざるとにかかわらず、まずは身に着けることを求めます。そして今日の学問状況の中では、平均的な――というと語弊がありますが、人並外れた才気はなくとも「やればできる」程度の――能力の人間にとっては、学部四年間はその訓練期間としてとうてい足りないのです。

基本的スキル、と言ってももちろん分野によって多様です。人文科学ならまずは語学、外国語での資料読解能力ですし、経済学や自然科学、工学では道具としての数学のスキルが求められます。さらにほぼあらゆる分野で、統計解析の基礎技能も必要とされるようになっています。もちろん社会学では、とくに質的研究を志す場合には、インタビューや参与観察の実地訓練を積まねばなりません。それ以外にも、研究の管理の仕方、予算のとり方（国の機関や財団などへの申請書の書き方等）なんかも覚えていかねばなりません。

以上を言い換えますと「自分が研究に向いているかいないか」がわかるには、あるいは「自分は研究を仕事として続けていきたいかどうか」の決心がつくためには、正直なところ学部四年間では足りない、ということです。修士まで来て、厳しい詰め込み教育と、自分のオリジナルなテーマ探しの両方のプレッシャーに晒される中で初めて、それがどうにか見えてくるものでしょう。

量的研究――研究全般の大規模化

さて、そのうえで、ひととおりの覚悟ができたものとして話を進めます。

社会学にかぎらず社会科学の研究全般は、どんどん大規模化し、組織化されていきます。とくに量的研究においては、既存の官庁統計や公開データベースを用いた「二次分析」でなければ、もはや研究を個人で行うことはほとんどできないと言ってよいでしょう。しかし「二次分析」で独創的な研究を行うことは、よほど優れた着眼点や、あるいは理論的洞察によって裏打ちされていなければ、非常に困難です。それゆえ、学部生の卒業論文であればともかく、修士号、さらに博士号学位取得を目指しての研究、学術雑誌に掲載されるオリジナルな研究論文を執筆するための研究においては、避けられるものならば避けた方がいいかもしれません。どうしても「二次分析」で書くのであれば、慎重に戦略を練り、従来の研究蓄積の穴をうまく突き、それを埋めるような（誰もが「なんでこの資料でこの分析をしなかったんだ？」と感心するような）ものを書かねばならないでしょう（二次分析については佐藤・石田・池田編［二〇〇〇］）。

すなわち、今日の社会学では、本格的な量的研究は、大規模な予算をとって、複数の研究者がチームを組んで行う共同研究であることが普通です（「質的研究」に括られることの多いエスノメソドロジーもそうです）。となれば、量的研究を本格的に志す場合には、そのことを念頭に置いて、少なくとも大学院に進学するさいには、そのようなチームに参加できるチャンスのあるところを目指さなければなりません。そして授業を受けるだけではなく、調査アシスタントの仕事などにも積極的に参加し技量を身につけつつ、いずれは共同研究者としてチームに参加できるようにならなければいけません。

質的研究——一人でやれる？

しかし、誰もが量的調査をしたいわけではないことはもちろんわかっています。数字に、大量のデータを分析することにあまり興味がない、という人もいるでしょう。しかしそれだけではなく、とくに社会学にかぎらず学問を志すような人の中には、一定割合以上で、チームで仕事をしたくない、できるだけ一人でやりたい、という人もいるでしょう。

そう考えてみると、質的研究は、やろうと思えばチームに煩わされず「一人でやれる」度合の強い仕事だと言えます。かといって質的社会調査、フィールドワークやインタビューを軸にした調査研究は、そもそも人に会って話を聞かなければ始まりませんから、その意味では完全には「一人」とはいきません。それもキツイ、という人に向くのはやはり、歴史的な資料、文献をもっぱら読み込むタイプの研究、歴史社会学、言説分析ということになります。「社会問題への構築主義アプローチ」においても、インタビューやフィールドワークを交えた同時代の実態調査をメインにした研究もあれば、もっぱら過去の文献資料に依拠したタイプの歴史研究もあり、どちらでもやれないことはないでしょう。

ただ付言しておきますと、先にオーラルヒストリーをめぐっての歴史学と社会学の相互接近の可能性について触れましたが、実は文書史料を用いるタイプの研究においても、両者の距離は縮まっている――あるいは、従来思われていたよりも近かったことが明らかになってきています。しつこいようですが、ここでもまた、歴史学は生きている人間との対話ではなく、死せる資料の読解が中心で、社会学は生きている人間との対話から知識を引き出す、という対比は不適切なのです。それはただたんに、歴史家がものした研究という二次史料に理論的解釈を与えるというやり方から歴史社会学が脱して、自ら一次史料にあたって分析をするようになったというだけではありません。歴史学者もまた、史料収集や史料批判における自らの手の内を明かし始めました。つまり、あるレベルから先に行くと、史料収集もまたれっきとしたフィールドワークなのです。

考えてみれば当たり前のことですが、史料は図書館や文書館の中に小ぎれいに整理されて収まったものばかりではありません。そもそもそうやって図書館や文書館に収蔵される前には、それらはどこにあったのでしょう？　多くの場合それはあちこちに散在していたのです。先祖代々、言い伝えを守って大事に保存されてきたものもあれば、土蔵に長い間忘れられ、打ち捨てられていたものもあります。よく知られているエピソードとしては、中世史家の網野義彦が、古民家のふすまの下張りから、商家の帳簿など、貴重な文書を発見し解析したことなどがあります。名も知れぬ民衆の生活を伝える資料だけではありません。権力者や有力者の記録さえ、近代以前は容易に失われてしまいます。いや、国家機関や上場企業など、その行動を公的な記録に残すことを義務づけられているはずの近代的な組織でさえ、しばしばあてにならないことは、我々もよく知っているはずです。プロの歴史学者たちは、あちこちに眠っている史料を、足を使って探し出します。史料を遺した死者と直接語らうことはできなくとも、その史料を知ってか知らずか守ってきてくれたその子孫や、偶然発見してその情報を伝えてくれた関係者などとは語らいます。歴史家もまた従来は見様見真似、身体で覚える暗黙知（know-how の多くはこういうものです）であったこのようなリサーチ・ストラテジーについて、だんだんと言語化してくれるようになってきました。

歴史学においてもこうなのですから、いずれにせよ、社会学の研究を進めていれば、どこかである程度は、生身の人とかかわらずにはいられなくなるときが来る、と思っておいた方がよいでしょう。

「一人でやること」の意味については、むしろこんなふうに考えた方がよいかもしれません。いわゆる定性的研究、少数事例を深掘りする質的研究においては、多くの場合、そのアウトプットたる論文が、もちろん学術論文としての作法を守ってということですが、一種の文芸作品として評価されるようなものであることが、暗黙の裡に前提とされています。これは文学研究においてだけではなく、歴史学をはじめとする人文科学一般、さらには法律学においても成り立ちます。このような分野では共同研究も、論文集というかたちをとります。一本の論文は、それぞれ一人の研究者＝著者が書いた単著なのです。他方量的研究においては、社会学でも経済学や心理学、あるいは自然科学と同様、共著論文が増えてきました。たんに研究スタイルとしてチームワークとなる、というだけではなく、論文も文芸作品というよりは、実務的な報告書としての色彩が強くなってきています。そのように考えると、研究者であると同時に

「物書き」でもありたい、と考えるような方は、どちらかというと「質的（定性的）研究」を志向した方がよいのかもしれません。あるいは逆に、何もそのような「物書き」志向が大してなくとも、このような研究を志した場合には、どこかで「一人」になり、内面に沈潜することが必要となる、と言えましょう。

しかしそのような「一人でできる仕事」あるいは「一人でやるべき仕事」であっても、というよりそういうものであればなおさらのこと、学界の中での、学問全体の分業関係の中で自分の居場所を見つけ、そこから自分をアピールしていくことを覚えていかなければ、生き延びていくことはできません。むしろ組織の一員である方が、自分で生存戦略に頭を悩まさずに済みます。学界での研究の位置づけは、組織が、親分がやってくれて、兵隊は自分の職分をまっとうすればいいからです。そのへんのことは、きちんと考えておいてください。

どうしても理論がやりたいのなら

では最後に、やはりどうしても理論に関心がある場合には、どうしたらよいでしょうか？

前著稲葉［二〇〇九］でも、そして本書でも述べてきたように、非常に古典的な意味での、実証研究から区別され、それに基礎を与えるような、あるいは実証研究を導くようなものとしての「理論」の居場所は、現代社会学においてはどんどんなくなってきている、と言うべきでしょう。

そもそもあなたはどうして理論をやりたいと思ったのでしょうか？「実証研究に基礎を与えるような、あるいは実証研究を導くようなもの」としての、つまり社会学全体を統合しその指針となるような仕事をしたいのであれば、現代ではそれは対面的・コミュニカティヴな質的社会調査の任務です、というのが本書の当面の答えです。もしあなたが人嫌い、人と話すの苦手、あるいはその他の理由で「そういうのはちょっと……」というのであれば、構築主義的スタンスで歴史研究をすればよいでしょう。そのうえでやはり「社会学の全体を見渡すような仕事をしたい」と思うのでしたら、社会学史に取り組まれるといいかと思います。これは本当はよく調べてみなければいけないのですが、ざっとした印象では、最近の日本国内での社会学教員の求人を見てみますと「理論社会学」は減っている一方、「社会学史」は案外出ているような感じです。

むろん現代の社会学では社会学史研究も、かつての社会学史はもちろん経済学史・政治学史にもありがちだった、たんなる理論研究の補助学、つまりは現在の学問の在り方を正当化する儀式か、あるいは現在の研究に役立つかもしれない遺物を発掘してくるか、を主眼とするようなものではなくなっています。現在では社会科学史も、科学史――自然科学を含めた科学史全般――研究の影響を受け、たんなる理論史でも研究史でもない、社会的制度としての科学・出来事としての研究の歴史、の方向にシフトしてきています。社会学もその例にもれません。ウェーバーやデュルケムにしても、あるいは初期シカゴ学派にしても、「偉大な先達」「不滅の古典」として読むのではなく、同時代の問題と苦闘した人々として、その歴史的コンテクストの中に位置づけて相対化する、という作業が進んでいます。言ってみれば「社会学を対象とする知識社会学・構築主義・言説分析的研究」、アルヴィン・グールドナーの言う「社会学の社会学」（Gouldner［1970=1978］）ということになります。

もちろん、こっち方面に進むと、科学史・科学哲学の研究者はもとより、文化史・精神史を研究するたくさんの歴史学者や文学者と喧嘩しなければならないことも多くなって面倒くさいでしょうが、仕方ありません。

「いや、そういう歴史っぽいのもいやだ」というなら、むしろ哲学的行為論や、新興の社会存在論などの領分で、哲学者とガチガチやりあう覚悟が必要です。あるいはもし万が一、数学が苦にならないというのであれば、経済学者に学んでゲーム理論をやるとか、あるいはいっそ物理学者に学んで計算社会科学、つまりシミュレーションをやるというのも手かもしれません。ただいずれにせよ、「社会学の純粋理論」などというものは当面ありえないのだと観念してください。

そもそもあなたが社会学に興味を持ったのはなぜですか？　「社会学なら何をやっても許される」と言われていたところに魅力を感じたのではないですか？　まあ、それは間違いじゃありません。でもいまは、経済学も政治学も心理学も、自分たちの方法でありとあらゆるところに切り込んでいくという時代です。ダボハゼ的な下品さは、いまや社会学の売り物にはなりません。むしろ切り込んでいくさいの方法論における統一性の欠如が、経済学の場合の理論と実証（計量技法）双方における統一感と比べると、むしろ弱点にさえ見えてしまいます。むろん本書は「社会学なりの方法論の統一性」の存在を主張するものではありますが。

現代の社会学の（あえて「魅力」とは言いますまい）しんどさは、一昔前のそういう特権意識を放棄したうえで、あらためて「何でもやる（一人の研究者が何でもやることなどできはしないが、分野としてそういう分野であることに連帯責任を負う）」ところにあると言えるのではないでしょうか？

そういう状況なんですから、あきらめてせいぜいあがいてください。

「何を他人事みたいなことを？」――そうですね、半ばは他人事です。私自身は職業社会学者ではないですから。研究資金をもらう場合にも、倫理学や社会哲学を名乗ることが多いですし、数少ない国際会議の経験も、応用倫理学者としてのものです。それでも相変わらず社会学部から給料をもらい、社会学で学位論文を書く人の指導も、行きがかり上しなければならない立場です。ですから結構、真面目に言っています。

さいごに

『どこどこ』こと岸・北田・筒井・稲葉［二〇一八］でも少し語りましたが、若いみなさんからは私は、なんとも牧歌的な時代、最後の幸福な時代の人間に見えるかもしれません。教員は院生を指導などせずに放置し、研究者としての自分の背中を見せていれば、それでいいとされていた時代。学生も院生も、それでいいと好き勝手していた時代。能力とやる気がある奴は、勝手に育ち、自然に生き延びるだろう、と何となく楽観されていた（あるいはあきらめられていた）時代。日本の社会学やその他いくつかの人文社会科学の界隈には、かつてそういう時代がありました。その時代はまたたまたま高度成長とその余燼《よじん》が残っており、大学に職を得られなくとも、生活に困窮する心配はそれほどありませんでした。しかしいまは不幸にして、そういう時代ではありません。そしておそらくそういう時代は、少なくともそのままでは戻っては来ないでしょう。

正直言って、「背中を見せる」以上の指導を受けてこなかった身としては、学生や院生に「指導」を行うということに、いまだに慣れることができません。おそらく一生慣れないでしょう。それだけではなく、頭では「いまの時代には、学生・院生をきちんと指導しないとだめなんだ」とわかってはいつつも、心の奥底のどこかには「かつてのやり方の方が学問の本来のあり方なのではないか？」という気分が残っています。努力をするとしても、普通に指導するよりも、ついつい「かつてのやり方」の再現の方に精力を注ぎたいという気分が抜けきれません。あるいは「かつてのやり方」でうまくいくような大学環境を再建するような、政策や運動の方に期待をかけたくなるときだってあります。

しかしながら現在は、たとえば一般理論の消失に明らかなごとく、「見ればわかる」手本、「読めばわかる」教科書が不在の時代です。おそらくはそれは、社会学の話だけではないのです。本書では十分に語れませんでしたが、理論が健在のように見える経済学においても、学問全体の中での理論の存在感や果たすべき役割についての感覚は、大いに変化しています。先達の背中を見ようにも、見るべき背中の何たるかが、大いにわかりにくい時代なのです。とすれば、年寄りとしては見せるべき背中を作るのは無論のこと、背中の見せ方についても少し真剣に考えてみなければなりません。

そんな思いから、本書は書かれました。

あとがき

「はじめに」でも少し書きましたが、本書のもとになったのは、森直人さんのご依頼で、筑波大学で社会学専攻を中心とした学部生を相手に、一年おきくらいにやっている非常勤での集中講義（もっともみなさんご承知のとおりの国立大学の窮境で、これもいつまで続けられるやら、風前の灯火です）と、本務校明治学院大学の、大学院社会学研究科社会学専攻の修士課程一年生向け必修授業の「社会学基礎演習」です。しかし決定的な一撃となったのはやはり筒井・前田［二〇一七］の公刊でした。これがきっかけとなり、授業のために書き溜めたメモと、『どこどこ』こと岸・北田・筒井・稲葉［二〇一八］、そして書評である稲葉［二〇一八］をもとに、二〇一八年春から短期決戦を期して取り掛かり、突貫工事で仕上げました。とにかくこれで、稲葉［二〇〇九］での宿題、「意味の全体論」と社会学の関係については一応の回答が出せたかと思います。また願わくば、本書でたんなる「折衷科学」にとどまらない社会学ならではのアイデンティティを示せていれば、もっけの幸いです。

「社会調査をやったことがない（下ばたらきや社会見学程度の経験ならありますが）人間が社会調査を主題的に論じる、しかも教科書を書く」ということの不遜さについては、言い訳しようもございません。しかし不遜ということなら「ビデオ講座の機械学習コースをまだ修了してもいないのに……」「様相論理学を使いこなせるわけでもないのに……」「ラテン語も読めないのに……」とか言い出したらきりがありません。人工知能のところでも論じたように、理由とは後からついてくるものなのです。

社会科学におけるデイヴィドソン的アプローチの可能性については、どういうわけか旧知の岸政彦、北田暁大のご両名とも趣味があっていたのですが、因果推論へのこだわりは彼らの関心とはややずれているかもしれません。ただ『どこどこ』メンバー全員が気にしていた「量的と質的の壁」、さらには「文系と理系の壁」をどうにかするには、ここが突破口だ、という思いは以前からありました。研究者と研究対象のインタラクションの問題については、拙著『「公共性」論』（NTT出版、二〇〇八年）、『政治の理論』（中央公論新社、二〇一七年）と通底するテーマですが、そこで科学から踏み出す規範的政治理論と、それでもなお科学にとどまろうとする社会学との違いについては、いずれまた考えます。

『どこどこ』こと岸・北田・筒井・稲葉［二〇一八］のメンバーはもちろん、多くの知友のご意見をいただいて本書はできあがりました。感謝いたします。

編集は『どこどこ』のみならず筒井・前田［二〇一七］も岸・石岡・丸山［二〇一六］も手掛けられた有斐閣の四竈佑介さんにお願いしました。

二〇一九年初春

稲葉振一郎

人工知能から考える「人と言葉」』2017 年，朝日出版社。

が啓蒙書，

●谷口忠大『イラストで学ぶ人工知能概論』2014 年，講談社。

が入門教科書として使えます。

●社会学の歴史について稲葉［2009］のリストに補足しますと，20 世紀のイギリスについて，

●A. H. Halsey, 2004 *A History of Sociology in Britain: Science, Literature, and Society*, Oxford University Press.=2011, 潮木守一訳（抄訳）『イギリス社会学の勃興と凋落——科学と文学のはざまで』世織書房。

が勉強になります。また，

●稲葉振一郎『「新自由主義」の妖怪——資本主義史論の試み』2018 年，亜紀書房。

では，近代資本主義の科学としての経済学と社会学との間にある微妙な緊張関係，さらに 20 世紀後半における社会学の「主流」を占めていたにもかかわらず，いまではすっかり忘れ去られた理論枠組みである「産業社会論」について論じています。

本』2018 年，KADOKAWA。

が基本の数理を中学高校レベルから積み上げて解説しており有益です。とくに西内［2017］は，「なぜみんな正規分布を使うのか？ どうして正規分布は世界にそんなにありふれているのか，あるいはありふれているかのようにみんな想定するのか？」と初学者が誰でも思いつきながらもついに誰にも聞けずそのまま放置してしまう疑問を，原点たるカール・F. ガウスにまでさかのぼって解説してくれています。

もう少し本格的には，やや古くかつ高度ですが，

●渡辺澄夫『データ学習アルゴリズム』2001 年，共立出版。

が広い視野で解説してくれています。なお，渡辺澄夫氏のウェブサイト（http://watanabe-www.math.dis.titech.ac.jp/users/swatanab/index-j.html）は多数の啓蒙的文章のほかに豊富な講義資料もありきわめて有用です。たんなる科学研究の道具ではない，固有の対象を持つ科学としての統計学の魅力を伝えようとする情熱に打たれます。

このほかにもこの分野については，インターネット上に無料で優れた資料（スライドや講義ビデオ）がたくさん転がっていますので，各自探してみてください。

●機械学習にかぎらず，人工知能について概観するには，

●川添愛『働きたくないイタチと言葉がわかるロボット――

●質的社会調査法の教科書としては，本文中にあげた岸・石岡・丸山［2016］のほか，

●前田拓也・秋谷直矩・朴沙羅・木下衆編『最強の社会調査入門——これから質的調査をはじめる人のために』2016年，ナカニシヤ出版。

が，著者たちの実体験を踏まえた優れたノウハウ集です。このほか，フィールドワークを中心に佐藤郁哉が大量の定評ある教科書・入門書を書いており，その集大成的なものが，

●佐藤郁哉『社会調査の考え方（上・下）』2015年，東京大学出版会。

です。

●再帰的近代については，ギデンズのテキストにあたるのもよいですが，本書の文脈を理解するためには稲葉［2009］のほかに筒井［2006］を読んでみてください。

●統計的機械学習については，ジャーナリスティックな解説とは別に，

●涌井良幸・涌井貞美『ディープラーニングがわかる数学入門』2017年，技術評論社。

●西内啓『統計学が最強の学問である〔数学編〕——データ分析と機械学習のための新しい教科書』2017年，ダイヤモンド社。

●石川聡彦『人工知能プログラミングのための数学がわかる

の歴史をフーコーふうにまとめた

●Ian Hacking, 1975 *Why Does Language Matter to Philosophy?* Cambridge University Press.=1989, 伊藤邦武訳『言語はなぜ哲学の問題になるのか』勁草書房。

がきわめて便利です。さらに，社会問題研究を超えた構築主義的アプローチのポテンシャルを知るためには，科学史・科学哲学的作業を中心としたハッキングの論文集，

●Ian Hacking, 2002 *Historical Ontology*, Harvard University Press.=2012, 出口康夫・大西琢朗・渡辺一弘訳『知の歴史学』岩波書店。

を眺めてみられるとよいでしょう。「人々を作り上げる（Making Up People）」というそのものズバリなタイトルの論文が収録されています。

そのほかに，ハッキングの仕事やエスノメソドロジーを意識した日本の社会学者たちの仕事として，

●酒井泰斗・浦野茂・前田泰樹・中村和生編『概念分析の社会学――社会的経験と人間の科学』2009 年，ナカニシヤ出版。

●酒井泰斗・浦野茂・前田泰樹・中村和生・小宮友根編『概念分析の社会学 2――実践の社会的論理』2016 年，ナカニシヤ出版。

があります。

●久米郁男『原因を推論する——政治分析方法論のすゝめ』2013年，有斐閣。

●森田果『実証分析入門——データから「因果関係」を読み解く作法』2014年，日本評論社。

●山本勲『実証分析のための計量経済学——正しい手法と結果の読み方』2015年，中央経済社。

あたりで押さえてください。パールと並ぶ因果推論の大物，ドナルド・ルービン（Donald Rubin）の著作は未訳ですが，計量経済学において因果推論を広めるにあたって影響力があった教科書，

●Joshua D. Angrist and Jörn-Steffen Pischke, 2009 *Mostly Harmless Econometrics: An Empiricist's Companion*, Princeton University Press.=2013, 大森義明・小原美紀・田中隆一・野口晴子訳『「ほとんど無害」な計量経済学——応用経済学のための実証分析ガイド』NTT出版。

は邦訳されています。

●デイヴィドソン，グライスを踏まえた哲学的コミュニケーション論としては，柏端［2016］が有益ですが，このほかに

●森本浩一『デイヴィドソン——「言語」なんて存在するのだろうか』2004年，NHK出版。

が啓発的です。このほか，稲葉［2009］のリストでも紹介しましたが，デイヴィドソンを終点に，英米系（分析系）言語哲学

がよいでしょう。

●人文科学と社会科学，自然科学の関係については，隠岐［2018］のほか，実は三中［2018］も啓発的です。学の境界を軽々と越境して展開される，「系統思考」をめぐる三中信宏の一連の著作，さしあたり，

●三中信宏『系統樹思考の世界──すべてはツリーとともに』2006年，講談社。

●三中信宏『分類思考の世界──なぜヒトは万物を「種」に分けるのか』2009年，講談社。

●三中信宏『進化思考の世界──ヒトは森羅万象をどう体系化するか』2010年，NHK出版。

の3部作は一読の価値があります。

●デイヴィッド・ルイスの奇想天外な哲学については，

●三浦俊彦『可能世界の哲学──「存在」と「自己」を考える〔改訂版〕』2017年，二見書房。

が入門書となります。

●統計的因果推論と社会科学の動向については，Pearl［2000＝2009］はさすがに大部で難解ですので，

●西内啓『統計学が最強の学問である〔実践編〕データ分析のための思想と方法』2014年，ダイヤモンド社。

●中室牧子・津田友介『「原因と結果」の経済学──データから真実を見抜く思考法』2017年，ダイヤモンド社。

(Qualitative Comparative Analysis)」という，カテゴリカルな変数(いわゆる「質的変数」)同士で回帰分析のような推論を行う新手法の数少ない日本語での解説書として貴重です。3冊目は，まさに「質的」な事例分析のテキストです。

ここで少し余計な話をしておきますと，経営学という学問の主題は，ひとつは企業などの組織の管理であり，いまひとつはイノベーション，生産技術や経営技法上の革新です。そして後者の分析においては，どうしても「質的（定性的）研究」，歴史的事例分析や，対面的・コミュニカティヴな調査が重要になってくることは，本書をお読みになったみなさんにはおわかりのことと思います。その意味では，実は経営学は，社会学や歴史学と非常に縁が深い学問です。

とくに経営史学においては，19世紀末から20世紀初頭にかけての，本格的な企業組織の成立がある種特権的な時代として捉えられるあたり，稲葉［2009］において描いた社会学の歴史観と非常に共通するものが見られます。その意味でも，社会学，とくに歴史社会学に関心のある方は，経営史の教科書をいくつか読まれることを勧めます。とりあえず，

●大河内暁男『経営史講義〔第2版〕』2001年，東京大学出版会。

●鈴木良隆・大東英祐・武田晴人『ビジネスの歴史』2004年，有斐閣。

参照文献にあげられなかったものまで含めての

読書案内

本文中に参照した文献は，先のリストに一応網羅してあるはずなのですが，ここでは本文中で触れられなかったものの，ぜひ読んでおいていただきたい文献を中心に紹介していきます。稲葉［2009］巻末の「読書案内」（増刷のたびに少しずつ入れ替えています）とあわせてご利用ください。

●King, Keohane and Verba［1994=2004］以降，社会科学のリサーチ・ストラテジーについての著作は政治学者のものを中心に汗牛充棟《かんぎゅうじゅうとう》ですが，ここではあえて簡潔な入門書として経営学者の手になる，

●田村正紀『リサーチ・デザイン——経営知識創造の基本技術』2006年，白桃書房。

を推します。続編2冊，

●田村正紀『経営事例の質的比較分析——スモールデータで因果を探る』2015年，白桃書房。

●田村正紀『経営事例の物語分析——企業盛衰のダイナミクスをつかむ』2016年，白桃書房。

と合わせた3部作となっています。2冊目は「質的比較分析

書店。
筒井淳也 2006『制度と再帰性の社会学』ハーベスト社。
筒井淳也・前田泰樹 2017『社会学入門——社会とのかかわり方』有斐閣。
筒井康隆 1979「最悪の接触《ワースト・コンタクト》」『宇宙衛生博覧會』新潮社，所収。

佐藤博樹・石田浩・池田謙一編 2000『社会調査の公開データ――2次分析への招待』東京大学出版会。

Schwarz, Hillel, 1997 "On the Origin of the Phrase 'Social Problems'", *Social Problems*, Vol. 44, No. 2.

Searle, John, 1969 *Speech Acts: An Essay in the Philosophy of Language*, Cambridge University Press.=1986, 坂本百大・土屋俊訳『言語行為――言語哲学への試論』勁草書房。

Searle, John, 2010 *Making the Social World: The Structure of Human Civilization*, Oxford University Press.=2018, 三谷武司訳『社会的世界の制作――人間文明の構造』勁草書房。

Spector, Malcolm B. and John I. Kitsuse, 1977 *Constructing Social Problems*, Cummings Publishing Company.=1990, 村上直之・中河伸俊・鮎川潤・森俊太訳『社会問題の構築――ラベリング理論をこえて』マルジュ社。

Sperber, Dan and Deirdre Wilson, 1995 *Relevance: Communication and Cognition*, 2nd ed. Blackwell.=1999　内田聖二・中逵俊明・宋南先・田中圭子訳『関連性理論――伝達と認知〔第2版〕』研究社出版。

須藤靖 2008『解析力学・量子論』東京大学出版会。

須藤靖・伊勢田哲治 2013『科学を語るとはどういうことか――科学者，哲学者にモノ申す』河出書房新社。

戸田山和久 2002『知識の哲学』産業図書。

東条敏 2006『言語・知識・信念の論理』オーム社。

津田敏秀 2011『医学と仮説――原因と結果の科学を考える』岩波

長坂一郎 2014「機能のオントロジー」松田毅編著『部分と全体の哲学――歴史と現在』春秋社，所収。

西内啓 2013『統計学が最強の学問である』ダイヤモンド社。

隠岐さや香 2018『文系と理系はなぜ分かれたのか』星海社。

朴沙羅 2014「研究動向――オーラルヒストリー研究の歩みと現在」『京都社会学年報』第 22 号。

Parsons, Talcott, 1949 *The Structure of Social Action: A Study in Social Theory with Special Reference to a Group of Recent European Writers*, The Free Press.=1976〜1989, 稲上毅・厚東洋輔ほか訳『社会的行為の構造（第 1 分冊〜第 5 分冊）』木鐸社。

Pearl, Judea, 2000 *Causality: Models, Reasoning and Inference*, Cambridge University Press.=2009, 黒木学訳『統計的因果推論――モデル・推論・推測』共立出版。

Quine, Willard Van Orman, 1960 *Word and Object*, The MIT Press.=1984, 大出晁・宮館恵訳『ことばと対象』勁草書房。

Quine, Willard Van Orman, 1980 *From a Logical Point of View: 9 Logico-philosophical Essays*, 2nd ed., revised., Harvard University Press.=1992, 飯田隆訳『論理的観点から――論理と哲学をめぐる九章』勁草書房。

Quine, Willard Van Orman, 1992 *Pursuit of Truth*, Revised ed., Harvard University Press.=1999, 伊藤春樹・清塚邦彦訳『真理を追って』産業図書。

斎藤修 2013『プロト工業化の時代――西欧と日本の比較史』岩波書店。

北田暁大（2019予定）『実況中継・社会学』有斐閣。
Kuhn, Thomas, 1957 *The Copernican Revolution: Planetary Astronomy in the Development of Western Thought*, Harvard University Press.=1989, 常石敬一訳『コペルニクス革命――科学思想史序説』講談社。
黒澤昌子 2005「積極労働政策の評価――レビュー」『フィナンシャル・レビュー』第77号。
Lem, Stanisław, 1961 *Solaris*. Wydawnictwo Ministerstwa Obrony Narodowej.=2004, 沼野充義訳『ソラリス』国書刊行会。
Lewis, David, 1986 *On The Plurality of Worlds*, Blackwell Publishers.=2016, 出口康夫監訳，佐金武・小山虎・海田大輔・山口尚訳『世界の複数性について』名古屋大学出版会。
Lin, Henry W., Max Tegmark and David Rolnick, 2017 "Why Does Deep and Cheap Learning Work So Well?", in *Journal of Statistical Physics*, Vol. 168, No. 6.
Luhmann, Niklas, 1992 *Beobachtungen der Moderne*, Westdeutscher Verlag.=2003, 馬場靖雄訳『近代の観察』法政大学出版局。
前田泰樹・水川喜文・岡田光弘編 2007『ワードマップ エスノメソドロジー――人びとの実践から学ぶ』新曜社。
松山公紀 1994「独占的競争の一般均衡モデル」岩井克人・伊藤元重編『現代の経済理論』東京大学出版会，所収。
三中信宏 2018『統計思考の世界――曼荼羅で読み解くデータ解析の基礎』技術評論社。
長岡克行 2006『ルーマン 社会の理論の革命』勁草書房。

稲葉振一郎 2009『社会学入門――〈多元化する時代〉をどう捉えるか』NHK 出版。
稲葉振一郎 2013「経済学素人学者が見た経済学の射程」『週刊エコノミスト（臨時増刊 12 月 23 日号 保存版 経済学のチカラ）』第 91 巻第 56 号。
稲葉振一郎 2016『宇宙倫理学入門――人工知能はスペース・コロニーの夢を見るか？』ナカニシヤ出版。
稲葉振一郎 2018「書評：筒井淳也・前田泰樹『社会学入門――社会とのかかわり方』」『書斎の窓』2018 年 5 月号（No. 657）。
Jeffrey, Richard, 1983 *The Logic of Decision,* 2nd ed., University of Chicago Press.
柏端達也 2016『コミュニケーションの哲学入門』慶応義塾大学三田哲学会。
加藤暢・高田司郎・新出尚之 2014『数理論理学――合理的エージェントへの応用に向けて』コロナ社。
King, Gary, Robert O. Keohane and Sidney Verba, 1994 *Designing Social Inquiry: Scientific Inference in Qualitative Research*, Princeton University Press.=2004, 真渕勝監訳『社会科学のリサーチ・デザイン――定性的研究における科学的推論』勁草書房。
岸政彦 2018『マンゴーと手榴弾――生活史の理論』勁草書房。
岸政彦・石岡丈昇・丸山里美 2016『質的社会調査の方法――他者の合理性の理解社会学』有斐閣。
岸政彦・北田暁大・筒井淳也・稲葉振一郎 2018『社会学はどこから来てどこへ行くのか』有斐閣。

Gallimard.=1977, 田村俶訳『監獄の誕生――監視と処罰』新潮社。

Freeman, Derek, 1983 *Margaret Mead and Samoa: The Making and Unmaking of an Anthropological Myth*, Harvard University Press.=1995, 木村洋二訳『マーガレット・ミードとサモア』みすず書房。

Gouldner, Alvin W., 1970 *The Coming Crisis of Western Sociology*, Basic Books.=1978, 岡田直之・田中義久ほか訳『社会学の再生を求めて』新曜社。

Grice, H. Paul, 1989 *Studies in the Way of Words*, Harvard University Press.=1998, 清塚邦彦訳（抄訳）『論理と会話』勁草書房。

Habermas, Jürgen, 1981 *Theorie des kommunikativen Handelns, Bde. 1-2*, Suhrkamp.=1985〜1987, 河上倫逸ほか訳『コミュニケイション的行為の理論（上）（中）（下）』未來社。

Hacking, Ian, 1983 *Representing and Intervening: Introductory Topics in the Philosophy of Natural Science*, Cambridge University Press.=2015, 渡辺博訳『表現と介入――科学哲学入門』筑摩書房。

Harman, Gilbert and Sanjeev Kulkarni, 2007 *Reliable Reasoning: Induction and Statistical Learning Theory*, The MIT Press.=2009, 蟹池陽一訳『信頼性の高い推論――帰納と統計的学習理論』勁草書房。

樋口耕一 2014『社会調査のための計量テキスト分析――内容分析の継承と発展を目指して』ナカニシヤ出版。

飯田隆 1989『言語哲学大全II――意味と様相（上）』勁草書房。

University Press.=1994, 門脇俊介・高橋久一郎訳『意図と行為――合理性，計画，実践的推論』産業図書。

Creswell, John W., 2015 *A Concise Introduction to Mixed Methods Research*, Sage Publications.=2017, 抱井尚子訳『早わかり混合研究法』ナカニシヤ出版。

Davidson, Donald, 1980 *Essays on Actions and Events*, Oxford University Press.=1990, 服部裕幸・柴田正良訳（抄訳）『行為と出来事』勁草書房。

Davidson, Donald, 1984 *Inquiries into Truth and Interpretation*, Oxford University Press.=1991, 野本和幸・植木哲也・金子洋之・高橋要訳（抄訳）『真理と解釈』勁草書房。

Davidson, Donald, 2001 *Subjective, Intersubjective, Objective*, Oxford University Press.=2007, 清塚邦彦・柏端達也・篠原成彦訳『主観的，間主観的，客観的』春秋社。

Davidson, Donald, 2004 *Problems of Rationality*, Clarendon Press.=2007, 金杉武司・塩野直之・鈴木貴之・信原幸弘訳『合理性の諸問題』春秋社。

Davidson, Donald, 2005 *Truth, Language and History*, Oxford University Press.=2010, 柏端達也・立花幸司・荒磯敏文・尾形まり花・成瀬尚志訳『真理・言語・歴史』春秋社。

Dawkins, Richard, 2016 *The Selfish Gene*, 40th anniversary ed., Oxford University Press.=2018, 日高敏隆・岸由二・羽田節子・垂水雄二訳『利己的な遺伝子〔40周年記念版〕』紀伊國屋書店。

Foucault, Michel, 1975 *Surveiller et punir: Naissance de la prison*,

参照文献

赤川学 2012『社会問題の社会学』弘文堂。

青山拓央 2016『時間と自由意志――自由は存在するか』筑摩書房。

青山拓央 2017「原因または錯覚としての行為者」『現代思想』第45巻第21号［2017年12月臨時増刊号］。

Austin, John L., 1962 *How to Do Things with Words*, Oxford University Press.=1978, 坂本百大訳『言語と行為』大修館書店。

Banerjee, Abhijit Vinayak and Esther Duflo, 2011 *Poor Economics: A Radical Rethinking of the Way to Fight Global Poverty*, Public Affairs.=2012, 山形浩生訳『貧乏人の経済学――もういちど貧困問題を根っこから考える』みすず書房。

Beck, Ulrich, Anthony Giddens and Scott Lash, 1994 *Reflexive Modernization: Politics, Tradition and Aesthetics in the Modern Social Order*, Polity Press.=1997, 松尾精文・小幡正敏・叶堂隆三訳『再帰的近代化――近現代における政治，伝統，美的原理』而立書房。

Bostrom, Nick, 2014 *Superintelligence: Paths, Dangers, Strategies*. Oxford University Press.=2017, 倉骨彰訳『スーパーインテリジェンス――超絶AIと人類の命運』日本経済新聞出版社。

Bratman, Michael E., 1987 Intention, *Plans and Practical Reason*, Harvard

た　行

は　行

索　　引

あ　行

か　行

さ　行

稲葉振一郎（いなば しんいちろう）

明治学院大学社会学部教授。

著書に『ナウシカ解読』窓社，1996年。『リベラリズムの存在証明』紀伊國屋書店，1999年。『経済学という教養』東洋経済新報社，2004年（のちに増補版，ちくま学芸文庫，2008年）。『「資本」論』ちくま新書，2005年。『モダンのクールダウン』NTT出版，2006年。『「公共性」論』NTT出版，2008年。『社会学入門』NHKブックス，2009年。『不平等との闘い』文春新書，2016年。『宇宙倫理学入門』ナカニシヤ出版，2016年。『政治の理論』中公叢書，2017年。『「新自由主義」の妖怪』亜紀書房，2018年。『社会学はどこから来てどこへ行くのか』（共著）有斐閣，2018年など。

社会学入門・中級編

Introduction to Sociology: Intermediate Level

2019年4月25日　初版第1刷発行

著　者　稲　葉　振　一　郎

発行者　江　草　貞　治

発行所　株式会社　有　斐　閣

郵便番号 101-0051

東京都千代田区神田神保町 2-17

電話（03）3264-1315〔編集〕

（03）3265-6811〔営業〕

http://www.yuhikaku.co.jp/

印刷・株式会社精興社／製本・牧製本印刷株式会社

ISBN 978-4-641-17446-7